DOLMA: SANDVİÇ KURABİYE KİTABI

100 Lezzetli Tatlılık Katmanı

Yusuf Çelik

Telif Hakkı Malzemesi ©2024

Her hakkı saklıdır

Bu kitabın hiçbir bölümü, incelemede kullanılan kısa alıntılar dışında, yayıncının ve telif hakkı sahibinin uygun yazılı izni olmadan, hiçbir şekilde veya yöntemle kullanılamaz veya aktarılamaz . Bu kitap tıbbi, hukuki veya diğer profesyonel tavsiyelerin yerine geçmemelidir .

İÇİNDEKİLER

İÇİNDEKİLER 3
GİRİİŞ 6
ÇİKOLATA EŞLEŞMELERİ 7
   1. Çikolatalı Kurabiye ve Vanilyalı Sandviç 8
   2. Choc-Chip Dondurmalı Sandviçler 10
   3. Nane Sandviçli Çikolatalı Kurabiye 12
   4. Çikolatalı Soya Dondurma 14
   5. Çift Çikolatalı Sandviçler 16
   6. Çikolatalı Hindistan Cevizli Dondurmalı Sandviç 18
   7. Şekerleme Girdap Sandviç 20
   8. Üçlü Çikolatalı Brownie Sandviç 22
   9. Nane Çikolatalı Kurabiye Sandviç 24
   10. Fıstık Ezmeli Çikolatalı Girdap Sandviç 26
   11. Fındıklı Çikolatalı Waffle Sandviç 28
   12. Meksika Çikolatalı Biberli Sandviç 30
   13. Tuzlu Karamelli Çikolatalı Pretzel Sandviç 32
   14. Ahududu Bitter Çikolatalı Makaronlu Sandviç 34
   15. Hindistan Cevizli Çikolatalı Bademli Joy Sandviç 36
   16. Oreo Çikolatalı Kurabiye ve Kremalı Sandviç 38
   17. Hershey'nin Dondurmalı Sandviçi 40
   18. Toblerone Dondurmalı Sandviç 42
   19. Cadbury Dondurmalı Sandviç 44
   20. Godiva Dondurmalı Sandviç 46
   21. Ferrero Rocher Dondurmalı Sandviç 48
   22. Ghirardelli Dondurmalı Sandviç 50
SOMUN EŞLEŞMELERİ 52
   23. Bademli Sandviçler 53
   24. Kaju Nane Dondurma 55
   25. Zencefilli Fındıklı Dondurma 57
   26. Fıstıklı Çikolata Parçalı Dondurmalı Sandviçler 59
   27. Badem Joy Dondurma Sandviçleri 61
   28. Fıstıklı ve Ahududulu Dondurmalı Sandviçler 63
   29. Cevizli ve Karamelli Girdaplı Dondurmalı Sandviçler 65
   30. Fındıklı ve Espressolu Dondurma Sandviçleri 67
   31. Fıstıklı Çikolatalı Parça Dondurmalı Sandviç 69
   32. Fındıklı Pralinli Dondurmalı Sandviç 71
   33. Cevizli Akçaağaçlı Dondurmalı Sandviç 73
   34. Kaju Karamelli Crunch Dondurmalı Sandviç 75
   35. Macadamia Fındıklı Beyaz Çikolatalı Dondurmalı Sandviç 77
   36. Fıstık Ezmeli Bademli Dondurmalı Sandviç 79
   37. Cevizli Pralinli Dondurmalı Sandviç 81
   38. Brezilya Fındıklı Çikolata Parçalı Dondurmalı Sandviç 83
   39. Karışık Fındıklı Karamelli Dondurmalı Sandviç 85
MEYVE EŞLEŞMELERİ 87

40. Çİkolatali Dondurmali Sandviçler için Muz 88
41. Ravent Ortabati Sandviçleri 90
42. Tart Vişneli Girdap Hindistan Cevizli Dondurma 92
43. Çilekli Italiano Sandviçler 95
44. Çilekli Kurabiye Dondurmali Sandviçler 97
45. Muzlu Dondurmali Sandviçler 99
46. Yaban Mersinli Limonlu Dondurma Sandviçleri 101
47. Mango Hindistan Cevizli Dondurma Sandviçleri 103
48. Ahududu Beyaz Çikolatali Dondurma Sandviçler 105
49. Ahududu Cheesecake Dondurmali Sandviç 107
50. Ananasli Hindistan Cevizli Dondurmali Sandviç 109
51. Şeftali Melba Dondurmali Sandviç 111
52. Karpuz Nane Dondurmali Sandviç 113
53. Kivi Limonlu Dondurma Sandviç 115
54. Böğürtlenli Lavanta Dondurmali Sandviçler 117
55. Karişik Meyveli Yoğurtlu Dondurmali Sandviç 119

BAHARATLI EŞLEŞMELER 121

56. Baharatli Findikli Dondurma 122
57. Kabak Baharatli Sandviçler 124
58. Meksika Çikolatali Dondurma Sandviçleri 126
59. Baharatli Mango Habanero Dondurma Sandviçleri 128
60. Chipotle Çikolatali Dondurma Sandviçler 130
61. Jalapeno Limonlu Dondurma Sandviçleri 132
62. Baharatli Karamelli Dondurmali Sandviçleri 134
63. Çikolatali Chipotle Dondurmali Sandviç 136
64. Baharatli Tarçinli Cayenne Dondurmali Sandviç 138
65. Baharatli Çikolatali Biberli Dondurma Sandviç 140
66. Fistik Ezmeli Sriracha Dondurmali Sandviç 142
67. Baharatli Hindistan Cevizli Körili Dondurmali Sandviç 144
68. Baharatli Zencefilli Zerdeçalli Dondurmali Sandviç 146
69. Baharatli Ananasli Jalapeno Dondurmali Sandviç 148
70. Baharatli Ahududu Parçali Dondurmali Sandviç 150
71. Baharatli Kiraz Çikolatali Dondurmali Sandviç 152

ÇAY BAZLI EŞLEŞMELER 154

72. Chai Findikli Dondurmali sandviç 155
73. Earl Grey Lavanta Dondurmali Sandviçler 158
74. Matcha Yeşil Çayli Dondurmali Sandviçler 160
75. Chai Baharatli Dondurma Sandviçleri 162
76. Limonlu Zencefil Dondurmali Sandviçler 164
77. Yasemin Yeşil Çayli Dondurmali Sandviçler 166

KAHVE BAZLI EŞLEŞMELER 168

78. Kahve Zing Sandviçleri 169
79. Mocha Bademli Dondurma Sandviçleri 171
80. Karamelli Macchiato Dondurmali Sandviçler 173
81. Findikli Affogato Dondurmali Sandviçler 175
82. Espresso Brownie ve Kahveli Dondurmali Sandviç 177

83. Kahveli Kek ve Mocha Badem Şekerlemeli Dondurmalı Sandviç 179
KEK TABANLI EŞLEŞMELER 181
84. Kek Hamuru Soya Dondurmalı sandviç 182
85. Kırmızı Kadife Cheesecake Dondurmalı Sandviçler 184
86. Çikolatalı Fıstık Ezmeli Bardak Dondurma Sandviçleri 186
87. Limonlu Ahududu Sade Kek Dondurma Sandviçler 188
88. Havuçlu Kek Kremi Peynirli Dondurma Sandviçler 190
89. Muzlu Dondurmalı Sandviçler 192
90. Çikolatalı Kek ve Kurabiye ve Kremalı Dondurmalı Sandviç 194
91. Vanilyalı Pandispanya ve Çilekli Cheesecake Dondurmalı Sandviç 196
92. Havuçlu Kek ve Tarçınlı Dondurmalı Sandviç 198
BROWNIE TABANLI EŞLEŞMELER 200
93. Tuzlu Karamelli Brownie Dondurmalı Sandviçler 201
94. Kurabiye ve Kremalı Brownie Dondurmalı Sandviçler 203
95. Ahududu Fudge Brownie Dondurma Sandviçleri 205
96. Naneli Brownie ve Chip Dondurmalı Sandviç 207
97. Fıstık Ezmeli Girdap Brownie Dondurmalı Sandviç 209
98. Ahududu Fudge Brownie ve Girdaplı Dondurma Sandviç 211
99. S'mores Brownie ve Marshmallowlu Dondurmalı Sandviç 213
100. Kırmızı Kadife Brownie ve Krem Peynirli Dondurma Sandviç 215
ÇÖZÜM 217

GİRİŞ

"Doldurulmuş: Sandviç Kurabiye Kitabı - 100 Lezzetli Tatlılık Katmanı"na hoş geldiniz. Kremalı dolgulu iki kat kurabiyenin karşı konulmaz birleşimiyle sandviç kurabiyeleri, her yaştan insanın severek tükettiği sevilen bir ikramdır. Bu yemek kitabında sizi, tatlı ihtiyacınızı tatmin edecek ve damak zevkinizi memnun edecek 100 leziz tariften oluşan bir koleksiyonla, içi dolgulu sandviç kurabiye dünyasını keşfetmeye davet ediyoruz.

Sandviç kurabiyeleri bir tatlıdan daha fazlasıdır; onlar yaratıcılık ve hoşgörü için bir tuvaldir. Bu yemek kitabında, çikolata ve vanilya gibi klasik kombinasyonlardan, fıstık ezmesi ve jöle gibi yenilikçi tatlara, s'mores ve daha fazlasına kadar, dolgulu sandviç kurabiyelerinin sonsuz olasılıklarını sergileyeceğiz . İster özel bir gün için, ister bir tatil kutlaması için yemek yapıyor olun , ister sadece canınız tatlı bir tatlı çekiyor olsun, bu sayfalarda bolca ilham bulacaksınız.

Bu yemek kitabındaki her tarif, her pişirdiğinizde mükemmel sonuçlar elde etmenizi sağlayacak şekilde özenle ve ayrıntılara dikkat edilerek hazırlanmıştır . Yumuşak kurabiye katmanlarından kremalı dolgulara kadar her lokma, daha fazlasını arzulamanızı sağlayacak tatların ve dokuların bir senfonisidir. Açık talimatlar, faydalı ipuçları ve çarpıcı fotoğraflarla "Doldurulmuş: Sandviç Kurabiye Kitabı", kendi mutfağınızda güzel ve lezzetli ikramlar yaratmanızı kolaylaştırıyor.

Öyleyse, fırınınızı önceden ısıtın, fırın tepsilerinizin tozunu alın ve rehberiniz olarak "Doldurulmuş: Sandviç Kurabiye Kitabı" ile 100 kat tatlının tadını çıkarmaya hazırlanın. İster kendiniz, ister aileniz, ister özel bir gün için yemek yapıyor olun , bu tariflerin her lokmayı etkileyeceğinden ve keyiflendireceğinden emin olabilirsiniz.

ÇİKOLATA EŞLEŞMELERİ

1.Çikolatalı Kurabiye ve Vanilyalı Sandviç

İÇİNDEKİLER:

- ⅓ bardak süt içermeyen margarin, oda sıcaklığında
- ⅔ bardak buharlaştırılmış şeker kamışı
- 2 yemek kaşığı süt içermeyen süt
- ¼ çay kaşığı hafif sirke
- 1 çay kaşığı vanilya özü
- ¾ bardak ağartılmamış çok amaçlı un
- ⅓ fincan şekersiz kabartma kakaosu, elenmiş
- ½ çay kaşığı kabartma tozu
- ⅛ çay kaşığı tuz

TALİMATLAR:

a) Fırını önceden 375°F'ye ısıtın. Bir fırın tepsisini parşömen kağıdıyla hizalayın.

b) Orta boy bir kapta margarini ve şekeri krema haline getirin. Süt, sirke ve vanilyayı karıştırın.

c) Küçük bir kapta un, kakao, kabartma tozu ve tuzu birleştirin. Kuru malzemeleri ıslak karışıma ekleyin ve iyice karıştırın.

ç) Hazırlanan fırın tepsisine çıkın. Hamurun üzerine bir parça yağlı kağıt yerleştirin ve yaklaşık ¼ inç kalınlığında kare şeklinde açın.

d) Mumlu kağıdı çıkarın ve kenarları sertleşene ve hafifçe kabarıncaya kadar 10 ila 12 dakika pişirin. Yumuşak görünecek ve tam olarak pişmemiş gibi görünecek, ama öyle.

e) Fırından çıkarın ve fırın tepsisinde tel raf üzerinde yaklaşık 15 dakika soğumaya bırakın. Kurabiyeleri dikkatlice istenilen şekle kesin. Yuvarlak hale getirmek için bardak veya bisküvi kesici kullanabilirsiniz veya eşit büyüklükte kareler halinde keserek hamuru büyütebilirsiniz.

f) Çerezleri tabakadan çıkarın ve rafta soğumalarını bekleyin.

2.Choc-Chip Dondurmalı Sandviçler

İÇİNDEKİLER:
- 2 su bardağı ağartılmamış çok amaçlı un
- 1 çay kaşığı karbonat
- ¼ çay kaşığı tuz
- ½ su bardağı buharlaştırılmış şeker kamışı
- ½ su bardağı paketlenmiş esmer şeker
- 1 su bardağı süt içermeyen margarin, yumuşatılmış
- 1 çay kaşığı mısır nişastası
- 2 yemek kaşığı süt içermeyen süt
- 1 çay kaşığı vanilya özü
- ¾ bardak yarı tatlı çikolata parçacıkları

TALİMATLAR:
a) Fırını önceden 350°F'ye ısıtın. İki fırın tepsisini parşömen kağıdıyla hizalayın.

b) Büyük bir kapta un, kabartma tozu ve tuzu birlikte eleyin. İkinci büyük kapta şeker kamışı, esmer şeker ve margarini krema haline getirin.

c) Mısır nişastasını sütte eritin ve vanilyayla birlikte şeker karışımına ekleyin. Kuru malzemeleri gruplar halinde ıslak karışıma ekleyin ve birleşene kadar karıştırın, ardından çikolata parçacıklarını karıştırın.

ç) Bir kurabiye damlalığı veya çorba kaşığı kullanarak, hazırlanan fırın tepsilerine yaklaşık 2 inç aralıklarla yığın halinde hamur kepçeleri bırakın.

d) 8 ila 10 dakika veya kenarları hafif altın rengi olana kadar pişirin.

e) Fırından çıkarın ve tavada 5 dakika soğumaya bırakın, ardından tel ızgaraya aktarın.

f) Çerezleri tamamen soğumaya bırakın. Hava geçirmez bir kapta saklayın

3.Nane Sandviçli Çikolatalı Kurabiye

İÇİNDEKİLER:
- ⅔ bardak süt içermeyen margarin, yumuşatılmış
- 1 su bardağı buharlaştırılmış şeker kamışı
- 1 çay kaşığı vanilya özü
- 1¼ bardak ağartılmamış çok amaçlı un
- ½ bardak şekersiz pişirme kakaosu, elenmiş
- ½ çay kaşığı kabartma tozu
- ⅛ çay kaşığı tuz

TALİMATLAR:

a) Fırını önceden 375°F'ye ısıtın. İki fırın tepsisini parşömen kağıdıyla hizalayın.

b) Büyük bir kapta margarini, şekeri ve vanilyayı krema haline getirin. Küçük bir kapta un, kakao, kabartma tozu ve tuzu birleştirin.

c) Kuru malzemeleri ıslak karışıma ekleyin ve iyice karıştırın.

ç) Hazırlanan fırın tepsilerine yaklaşık 2 inç aralıklarla yığın yemek kaşığı hamur bırakın.

d) 10 ila 12 dakika kadar veya kurabiyeler yayılıncaya ve kenarları sertleşinceye kadar pişirin.

e) Fırından çıkarın ve tavada 5 dakika soğumaya bırakın, ardından tel ızgaraya aktarın.

f) Çerezleri tamamen soğumaya bırakın. Hava geçirmez bir kapta saklayın

4.Çikolatalı Soya Dondurma

İÇİNDEKİLER:

- ¾ bardak buharlaştırılmış şeker kamışı
- ⅓ fincan şekersiz kabartma kakaosu, elenmiş
- 1 yemek kaşığı tapyoka nişastası
- 2½ bardak soya veya kenevir sütü (tam yağlı)
- 2 çay kaşığı hindistancevizi yağı
- 2 çay kaşığı vanilya özü

TALİMATLAR:

a) Büyük bir tencerede şekeri, kakaoyu ve tapyoka nişastasını birleştirin ve kakao ve nişasta şekerin içine karışıncaya kadar çırpın. Eklemek için çırparak sütü dökün.

b) Orta ateşte, karışımı sık sık karıştırarak kaynatın.

c) Kaynamaya başladıktan sonra ısıyı orta-düşük seviyeye indirin ve karışım koyulaşıp kaşığın arkasını kaplayana kadar yaklaşık 5 dakika sürekli çırpın.

ç) Ateşten alın, hindistancevizi yağını ve vanilyayı ekleyin ve birleştirmek için çırpın.

d) Karışımı ısıya dayanıklı bir kaba aktarın ve tamamen soğumasını bekleyin.

e) Karışımı 1½ veya 2 litrelik dondurma makinesinin kasesine dökün ve üreticinin talimatlarına göre işlem yapın.

f) Sandviçleri birleştirmeden önce en az 2 saat boyunca dondurucuda hava geçirmez bir kapta saklayın.

SANDVİÇ YAPMAK İÇİN

g) Dondurmanın hafifçe yumuşamasını sağlayın, böylece kepçelenmesi kolay olur. Kurabiyelerin yarısını altları yukarı gelecek şekilde temiz bir yüzeye yerleştirin. Her kurabiyenin üstüne bir kepçe dondurma (yaklaşık ⅓ bardak) koyun. Kurabiye altları dondurmaya temas edecek şekilde dondurmanın üzerine kalan kurabiyeleri ekleyin.

ğ) Çerezleri eşitlemek için hafifçe bastırın.

h) Her sandviçi plastik ambalaja veya mumlu kağıda sarın ve servis yapmadan önce en az 30 dakika dondurucuya koyun.

5.Çift Çikolatalı Sandviçler

İÇİNDEKİLER:

- 1 su bardağı ağartılmamış çok amaçlı un
- ½ bardak şekersiz pişirme kakaosu, elenmiş
- ½ çay kaşığı karbonat
- ¼ çay kaşığı tuz
- ¼ bardak süt ürünü olmayan çikolata parçaları, eritilmiş
- ½ bardak süt içermeyen margarin, yumuşatılmış
- 1 su bardağı buharlaştırılmış şeker kamışı
- 1 çay kaşığı vanilya özü

TALİMATLAR:

a) Fırını önceden 325°F'ye ısıtın. İki fırın tepsisini parşömen kağıdıyla hizalayın.

b) Orta boy bir kapta un, kakao tozu, kabartma tozu ve tuzu birleştirin.

c) Büyük bir kapta, elektrikli el mikseri ile eritilmiş çikolata parçacıklarını, margarini, şekeri ve vanilyayı iyice birleşene kadar krema haline getirin.

ç) Kuru malzemeleri, tamamen birleşene kadar gruplar halinde ıslak karışıma ekleyin.

d) Yaklaşık 2 inç aralıklarla hazırlanan fırın tepsilerine yaklaşık olarak büyük bir mermer büyüklüğünde (yaklaşık 2 çay kaşığı) küçük hamur topları koyun.

e) düzleşinceye ve yaklaşık 1½ inç genişliğe ulaşıncaya kadar her bir kurabiyeye hafifçe ve eşit bir şekilde bastırın . 12 dakika veya kenarları sertleşene kadar pişirin. Her iki sayfayı da aynı anda pişiriyorsanız, sayfaları yarıya kadar çevirin.

f) Fırından çıkardıktan sonra kurabiyeleri 5 dakika tavada soğumaya bırakın, ardından tel ızgaraya aktarın. Çerezleri tamamen soğumaya bırakın. Hava geçirmez bir kapta saklayın

6.Çikolatalı Hindistan Cevizli Dondurmalı sandviç

İÇİNDEKİLER:

- ¾ bardak buharlaştırılmış şeker kamışı
- ⅓ fincan şekersiz kabartma kakaosu, elenmiş
- 1 (13,5 ons) kutu tam yağlı hindistan cevizi sütü (hafif değil)
- 1 bardak süt içermeyen süt
- 1 çay kaşığı vanilya özü

TALİMATLAR:

a) Büyük bir tencerede şekeri ve kakaoyu birleştirin ve kakao şekerin içine karışıncaya kadar çırpın. Hindistan cevizi sütünü ve diğer süt ürünü olmayan sütü dökün ve karıştırarak karıştırın. Orta ateşte, karışımı sık sık karıştırarak kaynatın.

b) Kaynamaya başlayınca ateşi orta-düşük seviyeye indirin ve şeker eriyene kadar yaklaşık 5 dakika sürekli çırpın. Ateşten alın ve vanilyayı ekleyip karıştırarak birleştirin.

c) Karışımı ısıya dayanıklı bir kaba aktarın ve tamamen soğumasını bekleyin.

ç) Karışımı 1½ veya 2 litrelik dondurma makinesinin kasesine dökün ve üreticinin talimatlarına göre işlem yapın. Sandviçleri birleştirmeden önce en az 2 saat boyunca dondurucuda hava geçirmez bir kapta saklayın.

SANDVİÇ YAPMAK İÇİN

d) Dondurmanın hafifçe yumuşamasını sağlayın, böylece kepçelenmesi kolay olur . Kurabiyelerin yarısını altları yukarı gelecek şekilde temiz bir yüzeye yerleştirin. Her kurabiyenin üstüne bir kepçe dondurma (yaklaşık ⅓ bardak) koyun. Kurabiye altları dondurmaya temas edecek şekilde dondurmanın üzerine kalan kurabiyeleri ekleyin.

e) Çerezleri eşitlemek için hafifçe bastırın. Her sandviçi plastik ambalaja veya mumlu kağıda sarın ve servis yapmadan önce en az 30 dakika dondurucuya koyun.

7.Şekerleme Girdap Sandviç

İÇİNDEKİLER:
- ¼ bardak yarı tatlı çikolata parçaları
- 1 yemek kaşığı süt içermeyen süt
- 2 yemek kaşığı süt içermeyen margarin

TALİMATLAR:
a) Mikrodalgaya dayanıklı bir kapta, çikolata parçacıklarını ve sütü 15 saniyelik artışlarla, aralarında karıştırarak ısıtın.
b) Çikolata eridikten sonra iyice çırpıp sütün içine katın.
c) Margarini ekleyip iyice karıştırın.
ç) Oda sıcaklığına soğumaya bırakın.

8.Üçlü Çikolatalı Brownie Sandviç

İÇİNDEKİLER:

1 su bardağı tuzsuz tereyağı
2 su bardağı toz şeker
4 büyük yumurta
1 çay kaşığı vanilya özü
1 fincan çok amaçlı un
1/2 bardak şekersiz kakao tozu
1/4 çay kaşığı tuz
2 su bardağı çikolatalı dondurma
1/2 bardak çikolata parçacıkları

TALİMATLAR:

Fırını önceden 350°F'ye (175°C) ısıtın ve 9x13 inçlik bir fırın tepsisini yağlayın.

Mikrodalgaya dayanıklı bir kapta tereyağını eritin. Şekeri, yumurtaları ve vanilya özütünü ekleyin ve iyice birleşene kadar çırpın.

Ayrı bir kapta un, kakao tozu ve tuzu birlikte çırpın. Kuru malzemeleri yavaş yavaş ıslak malzemelere ekleyin ve birleşene kadar karıştırın.

Çikolata parçacıklarını karıştırın. Hazırlanan fırın tepsisine hamuru dökün ve eşit şekilde yayın.

25-30 dakika veya ortasına batırılan kürdan birkaç nemli kırıntıyla çıkana kadar pişirin.

Brownielerin tamamen soğumasını bekleyin. Kareler halinde kesin.

Bir kepçe çikolatalı dondurma alın ve bir brownie karesinin alt kısmına yerleştirin. Üstüne başka bir brownie karesi koyun ve yavaşça birbirine bastırın.

Kalan brownie kareleri ve dondurma ile aynı işlemi tekrarlayın. Servis yapmadan önce en az 1 saat dondurun.

9.Nane Çikolatalı Kurabiye Sandviç

İÇİNDEKİLER:

1 3/4 bardak çok amaçlı un
1/2 bardak şekersiz kakao tozu
1/2 çay kaşığı karbonat
1/4 çay kaşığı tuz
1/2 su bardağı tuzsuz tereyağı, yumuşatılmış
1 su bardağı toz şeker
1 büyük yumurta
1 çay kaşığı vanilya özü
1/2 çay kaşığı nane özü
Yeşil gıda boyası (isteğe bağlı)
2 su bardağı naneli çikolata parçacıklı dondurma

TALİMATLAR:

Fırını önceden 350°F'ye (175°C) ısıtın ve fırın tepsisini parşömen kağıdıyla kaplayın.

Orta boy bir kapta un, kakao tozu, kabartma tozu ve tuzu birlikte çırpın.

Büyük bir kapta tereyağını ve toz şekeri hafif ve kabarık olana kadar krema haline getirin. Yumurtayı, vanilya ekstraktını, nane ekstraktını ve yeşil gıda boyasını (kullanılıyorsa) ekleyin ve iyice birleşene kadar karıştırın.

Kuru malzemeleri yavaş yavaş ıslak malzemelere ekleyin ve birleşene kadar karıştırın.

Hazırladığınız fırın tepsisine yemek kaşığı dolusu yuvarlak hamur bırakın ve kaşığın arkasıyla hafifçe düzleştirin.

10-12 dakika veya kenarları sertleşene kadar pişirin. Çerezlerin tamamen soğumasını bekleyin.

Soğuduktan sonra bir kurabiyenin alt kısmına az miktarda naneli çikolata parçacıklı dondurma koyun. Üzerine başka bir kurabiye yerleştirin ve yavaşça birbirine bastırın.

Kalan kurabiyeler ve dondurma ile aynı işlemi tekrarlayın. Servis yapmadan önce en az 1 saat dondurun.

10.Fıstık Ezmeli Çikolatalı Girdap Sandviç

İÇİNDEKİLER:

1/2 su bardağı tuzsuz tereyağı, yumuşatılmış
1/2 bardak kremalı fıstık ezmesi
1/2 su bardağı toz şeker
1/2 su bardağı paketlenmiş esmer şeker
1 büyük yumurta
1 çay kaşığı vanilya özü
1 1/4 bardak çok amaçlı un
1/2 bardak şekersiz kakao tozu
1/2 çay kaşığı karbonat
1/4 çay kaşığı tuz
2 su bardağı çikolatalı girdaplı dondurma

TALİMATLAR:

Fırını önceden 350°F'ye (175°C) ısıtın ve fırın tepsisini parşömen kağıdıyla kaplayın.

Büyük bir kapta tereyağını, fıstık ezmesini, toz şekeri ve esmer şekeri hafif ve kabarık olana kadar krema haline getirin. Yumurtayı ve vanilya özütünü ekleyin ve iyice birleşene kadar karıştırın.

Ayrı bir kapta un, kakao tozu, kabartma tozu ve tuzu birlikte çırpın. Kuru malzemeleri yavaş yavaş ıslak malzemelere ekleyin ve birleşene kadar karıştırın.

Hazırladığınız fırın tepsisine yemek kaşığı dolusu yuvarlak hamur bırakın ve kaşığın arkasıyla hafifçe düzleştirin.

10-12 dakika veya kenarları sertleşene kadar pişirin. Çerezlerin tamamen soğumasını bekleyin.

Soğuduktan sonra, bir kurabiyenin alt kısmına az miktarda çikolatalı girdaplı dondurma koyun. Üzerine başka bir kurabiye yerleştirin ve yavaşça birbirine bastırın.

Kalan kurabiyeler ve dondurma ile aynı işlemi tekrarlayın. Servis yapmadan önce en az 1 saat dondurun.

11. Fındıklı Çikolatalı Waffle Sandviç

İÇİNDEKİLER:
2 fincan çok amaçlı un
1/2 bardak şekersiz kakao tozu
1/4 su bardağı toz şeker
2 çay kaşığı kabartma tozu
1/2 çay kaşığı tuz
2 bardak süt
2 büyük yumurta
1/4 su bardağı tuzsuz tereyağı, eritilmiş
1 çay kaşığı vanilya özü
2 su bardağı fındıklı çikolatalı dondurma

TALİMATLAR:
Waffle demirini üreticinin talimatlarına göre önceden ısıtın.
Büyük bir kapta un, kakao tozu, toz şeker, kabartma tozu ve tuzu birlikte çırpın.
Ayrı bir kapta süt, yumurta, eritilmiş tereyağı ve vanilya özütünü birlikte çırpın.
Islak malzemeleri yavaş yavaş kuru malzemelere ekleyin, birleşene kadar çırpın.
Hamuru önceden ısıtılmış waffle makinesine dökün ve üreticinin talimatlarına göre gevrekleşip iyice pişene kadar pişirin.
Waffle'ların hafifçe soğumasını bekleyin, ardından kare veya dikdörtgen şeklinde kesin.
Fındıklı çikolatalı dondurmadan bir kaşık alıp waffle parçasının alt kısmına yerleştirin. Üstüne başka bir waffle parçası koyun ve yavaşça birbirine bastırın.
Kalan waffle parçaları ve dondurma ile aynı işlemi tekrarlayın. Servis yapmadan önce en az 1 saat dondurun.

12. Meksika Çikolatalı Biberli Sandviç

İÇİNDEKİLER:

1 3/4 bardak çok amaçlı un
1/2 bardak şekersiz kakao tozu
1 çay kaşığı öğütülmüş tarçın
1/2 çay kaşığı toz biber
1/2 çay kaşığı karbonat
1/4 çay kaşığı tuz
1/2 su bardağı tuzsuz tereyağı, yumuşatılmış
1 su bardağı toz şeker
1 büyük yumurta
1 çay kaşığı vanilya özü
2 bardak Meksika çikolatalı dondurma

TALİMATLAR:

Fırını önceden 350°F'ye (175°C) ısıtın ve fırın tepsisini parşömen kağıdıyla kaplayın.

Orta boy bir kapta un, kakao tozu, öğütülmüş tarçın, öğütülmüş kırmızı biber tozu, kabartma tozu ve tuzu birlikte çırpın.

Büyük bir kapta tereyağını ve toz şekeri hafif ve kabarık olana kadar krema haline getirin. Yumurtayı ve vanilya özütünü ekleyin ve iyice birleşene kadar karıştırın.

Kuru malzemeleri yavaş yavaş ıslak malzemelere ekleyin ve birleşene kadar karıştırın.

Hazırladığınız fırın tepsisine yemek kaşığı dolusu yuvarlak hamur bırakın ve kaşığın arkasıyla hafifçe düzleştirin.

10-12 dakika veya kenarları sertleşene kadar pişirin. Çerezlerin tamamen soğumasını bekleyin.

Soğuduktan sonra bir kurabiyenin alt kısmına az miktarda Meksika çikolatalı dondurma koyun. Üzerine başka bir kurabiye yerleştirin ve yavaşça birbirine bastırın.

Kalan kurabiyeler ve dondurma ile aynı işlemi tekrarlayın. Servis yapmadan önce en az 1 saat dondurun.

13.Tuzlu Karamelli Çikolatalı Pretzel Sandviç

İÇİNDEKİLER:

1 1/2 bardak çok amaçlı un
1/2 bardak şekersiz kakao tozu
1/2 çay kaşığı karbonat
1/4 çay kaşığı tuz
1/2 su bardağı tuzsuz tereyağı, yumuşatılmış
1/2 su bardağı toz şeker
1/2 su bardağı paketlenmiş esmer şeker
1 büyük yumurta
1 çay kaşığı vanilya özü
1/2 su bardağı doğranmış kraker
1/2 bardak tuzlu karamelli dondurma
Garnitür için simit (isteğe bağlı)

TALİMATLAR:

Fırını önceden 350°F'ye (175°C) ısıtın ve fırın tepsisini parşömen kağıdıyla kaplayın.

Orta boy bir kapta un, kakao tozu, kabartma tozu ve tuzu birlikte çırpın.

Büyük bir kapta tereyağını, toz şekeri ve esmer şekeri hafif ve kabarık olana kadar krema haline getirin. Yumurtayı ve vanilya özütünü ekleyin ve iyice birleşene kadar karıştırın.

Kuru malzemeleri yavaş yavaş ıslak malzemelere ekleyin ve birleşene kadar karıştırın.

Kıyılmış krakerleri karıştırın. Hazırladığınız fırın tepsisine yemek kaşığı dolusu yuvarlak hamur bırakın ve kaşığın arkasıyla hafifçe düzleştirin.

10-12 dakika veya kenarları sertleşene kadar pişirin. Çerezlerin tamamen soğumasını bekleyin.

Soğuduktan sonra bir kurabiyenin alt kısmına az miktarda tuzlu karamelli dondurma koyun. Üzerine başka bir kurabiye yerleştirin ve yavaşça birbirine bastırın.

İsteğe bağlı: Garnitür olarak dondurmalı sandviçin kenarlarını ezilmiş simitlerle yuvarlayın. Servis yapmadan önce en az 1 saat dondurun.

14. Ahududu Bitter Çikolatalı Makaronlu Sandviç

İÇİNDEKİLER:

1 1/4 su bardağı pudra şekeri
3/4 su bardağı badem unu
2 yemek kaşığı şekersiz kakao tozu
2 büyük yumurta akı
1/4 su bardağı toz şeker
1/4 çay kaşığı tuz
1/2 bardak ahududu şerbeti
1/2 su bardağı bitter çikolata, eritilmiş

TALİMATLAR:

Fırını önceden 300°F'ye (150°C) ısıtın ve fırın tepsisini parşömen kağıdıyla kaplayın.
Orta boy bir kapta pudra şekeri, badem unu ve kakao tozunu birlikte eleyin.
Ayrı bir kapta yumurta aklarını orta hızda köpürene kadar çırpın. Yavaş yavaş toz şekeri ve tuzu ekleyin ve sert tepecikler oluşuncaya kadar çırpmaya devam edin.
Kuru malzemeleri, fazla karıştırmamaya dikkat ederek, tamamen birleşene kadar yumurta akı karışımına yavaşça katlayın.
yuvarlak uçlu sıkma torbasına aktarın . Hazırlanan fırın tepsisine küçük daireler çizin.
Hava kabarcıklarının çıkması için fırın tepsisini birkaç kez tezgaha vurun. Makaronların kabuk oluşturması için oda sıcaklığında 30 dakika bekletin.
15-18 dakika veya makarnalar dokunulabilecek kadar sertleşene kadar pişirin. Tamamen soğumalarına izin verin.
Soğuduktan sonra bir makaron kabuğunun düz tarafına az miktarda ahududu şerbeti sürün. Üstüne başka bir makarna kabuğu koyun ve yavaşça birbirine bastırın.
Makaronlu sandviçin kenarlarını eritilmiş bitter çikolataya batırın. Servis yapmadan önce en az 1 saat dondurun.

15. Hindistan Cevizli Çikolatalı Bademli Joy Sandviç

İÇİNDEKİLER:
1 1/2 su bardağı şekerli kıyılmış hindistan cevizi
1/2 su bardağı şekerli yoğunlaştırılmış süt
1/2 çay kaşığı vanilya özü
1/4 çay kaşığı badem özü
1/2 su bardağı kıyılmış badem
2 su bardağı çikolatalı hindistan cevizli dondurma

TALİMATLAR:
Orta boy bir kapta kıyılmış hindistan cevizini, şekerli yoğunlaştırılmış sütü, vanilya ekstraktını, badem ekstraktını ve doğranmış bademleri birleştirin. İyice birleşene kadar karıştırın.
Bir fırın tepsisini parşömen kağıdıyla hizalayın. Hindistan cevizi karışımından yaklaşık 2 yemek kaşığı alın ve hazırlanan fırın tepsisinde dikdörtgen şeklinde şekillendirin. Daha fazla dikdörtgen oluşturmak için tekrarlayın.
Hindistan cevizi karışımının sertleşmesi için fırın tepsisini 1 saat dondurucuya yerleştirin.
Hindistan cevizi karışımı sertleştiğinde, bir kepçe çikolatalı hindistan cevizi dondurması alın ve bunu bir hindistan cevizi dikdörtgeninin üzerine yerleştirin. Üstüne başka bir hindistancevizi dikdörtgeni koyun ve yavaşça birbirine bastırın.
Kalan hindistan cevizi dikdörtgenleri ve dondurma ile tekrarlayın. Servis yapmadan önce en az 1 saat dondurun.

16.Oreo Çikolatalı Kurabiye ve Kremalı Sandviç

İÇİNDEKİLER:

2 fincan çok amaçlı un
1/2 bardak şekersiz kakao tozu
1 çay kaşığı kabartma tozu
1/2 çay kaşığı tuz
1/2 su bardağı tuzsuz tereyağı, yumuşatılmış
1 su bardağı toz şeker
2 büyük yumurta
1 çay kaşığı vanilya özü
2 su bardağı kurabiye ve kremalı dondurma
Süslemek için ezilmiş Oreo kurabiyeleri

TALİMATLAR:

Fırını önceden 350°F'ye (175°C) ısıtın ve fırın tepsisini parşömen kağıdıyla kaplayın.

Orta boy bir kapta un, kakao tozu, kabartma tozu ve tuzu birlikte çırpın.

Büyük bir kapta tereyağını ve toz şekeri hafif ve kabarık olana kadar krema haline getirin. Yumurtaları ve vanilya özütünü ekleyin ve iyice birleşene kadar karıştırın.

Kuru malzemeleri yavaş yavaş ıslak malzemelere ekleyin ve birleşene kadar karıştırın.

Hazırladığınız fırın tepsisine yemek kaşığı dolusu yuvarlak hamur bırakın ve kaşığın arkasıyla hafifçe düzleştirin.

10-12 dakika veya kenarları sertleşene kadar pişirin. Çerezlerin tamamen soğumasını bekleyin.

Soğuduktan sonra bir kurabiyenin alt kısmına az miktarda kurabiye ve kremalı dondurma koyun. Üzerine başka bir kurabiye yerleştirin ve yavaşça birbirine bastırın.

Süslemek için dondurmalı sandviçin kenarlarını ezilmiş Oreo kurabiyelerine sarın. Servis yapmadan önce en az 1 saat dondurun.

17. Hershey'nin Dondurmalı Sandviçi

İÇİNDEKİLER:
1 paket Hershey's çikolata
12 adet çikolatalı gofret kurabiyesi
2 su bardağı vanilyalı dondurma

TALİMATLAR:
Hershey'nin çikolata barlarını tek tek parçalara ayırın.
6 adet çikolatalı gofret kurabiyesini fırın tepsisine ters şekilde yerleştirin.
Her kurabiyenin üzerine bir parça Hershey çikolatası koyun.
Bir kepçe vanilyalı dondurma alın ve çikolatanın üzerine koyun.
Sandviç yapmak için üstüne başka bir çikolatalı gofret kurabiyesi yerleştirin.
Kalan kurabiyeler, çikolata ve dondurma ile aynı işlemi tekrarlayın.
Dondurma sandviçlerini servis yapmadan önce en az 2 saat dondurun.

18. Toblerone Dondurmalı Sandviç

İÇİNDEKİLER:
1 Toblerone çikolata
12 adet çikolatalı kurabiye
2 su bardağı çikolatalı dondurma

TALİMATLAR:
Toblerone çikolatasını küçük üçgen parçalara bölün .
6 adet çikolatalı kurabiyeyi fırın tepsisine ters şekilde yerleştirin.
Her kurabiyenin üzerine bir parça Toblerone çikolatası koyun.
Çikolatalı dondurmadan bir kepçe alıp çikolatanın üzerine yerleştirin.
Sandviç yapmak için üstüne başka bir çikolatalı kurabiye yerleştirin.
Kalan kurabiyeler, çikolata ve dondurma ile aynı işlemi tekrarlayın.
Dondurma sandviçlerini servis yapmadan önce en az 2 saat dondurun.

19.Cadbury Dondurmalı Sandviç

İÇİNDEKİLER:
1 Cadbury Dairy Sütlü çikolata barı
12 adet kurabiye
2 su bardağı karamelli dondurma

TALİMATLAR:
Cadbury Dairy Milk çikolatasını tek tek parçalara ayırın.
6 kurabiyeyi bir fırın tepsisine baş aşağı yerleştirin.
Her kurabiyenin üzerine bir parça Cadbury çikolatası koyun.
Karamelli dondurmadan bir kepçe alıp çikolatanın üzerine yerleştirin.
Sandviç yapmak için üstüne başka bir kurabiye yerleştirin.
Kalan kurabiyeler, çikolata ve dondurma ile aynı işlemi tekrarlayın.
Dondurma sandviçlerini servis yapmadan önce en az 2 saat dondurun.

20.Godiva Dondurmalı Sandviç

İÇİNDEKİLER:
1 kutu Godiva çikolatalı trüf
12 adet çikolatalı graham kraker
2 fincan kahveli dondurma

TALİMATLAR:
Godiva çikolatalı trüf mantarlarının ambalajlarını çıkarın.
6 çikolatalı graham krakerini bir fırın tepsisine baş aşağı yerleştirin.
Her krakerin üzerine bir Godiva trüf mantarı yerleştirin.
Bir kaşık kahveli dondurma alın ve mantarın üzerine koyun.
Sandviç yapmak için üstüne başka bir çikolatalı graham kraker yerleştirin.
Kalan krakerler, yer mantarları ve dondurma ile aynı işlemi tekrarlayın.
Dondurma sandviçlerini servis yapmadan önce en az 2 saat dondurun.

21. Ferrero Rocher Dondurmalı Sandviç

İÇİNDEKİLER:
1 paket Ferrero Rocher çikolata
12 çikolatalı kurabiye
2 su bardağı fındıklı dondurma

TALİMATLAR:
Rocher çikolatalarının ambalajlarını çıkarın .
6 adet çikolatalı kurabiyeyi fırın tepsisine ters şekilde yerleştirin.
Her kurabiyenin üzerine bir Ferrero Rocher çikolatası koyun .
Fındıklı dondurmadan bir kepçe alıp çikolatanın üzerine yerleştirin.
Sandviç yapmak için üstüne başka bir çikolatalı kurabiye yerleştirin.
Kalan kurabiyeler, çikolatalar ve dondurma ile aynı işlemi tekrarlayın.
Dondurma sandviçlerini servis yapmadan önce en az 2 saat dondurun.

22. Ghirardelli Dondurmalı Sandviç

İÇİNDEKİLER:
1 Ghirardelli çikolata
12 adet çikolataya batırılmış kurabiye
2 su bardağı naneli çikolata parçacıklı dondurma

TALİMATLAR:
Ghirardelli çikolatasını tek tek karelere bölün.
6 adet çikolataya batırılmış kurabiyeyi bir fırın tepsisine baş aşağı gelecek şekilde yerleştirin.
Her kurabiyenin üzerine bir kare Ghirardelli çikolatası yerleştirin.
Naneli çikolata parçacıklı dondurmadan bir kepçe alıp çikolatanın üzerine yerleştirin.
Sandviç yapmak için üstüne başka bir çikolataya batırılmış kurabiye yerleştirin.
Kalan kurabiyeler, çikolata ve dondurma ile aynı işlemi tekrarlayın.
Dondurma sandviçlerini servis yapmadan önce en az 2 saat dondurun.

SOMUN EŞLEŞMELERİ

23. Bademli Sandviçler

İÇİNDEKİLER:

- 1 su bardağı süt içermeyen margarin, yumuşatılmış
- ¾ bardak buharlaştırılmış şeker kamışı, bölünmüş
- ½ çay kaşığı badem özü
- 1 çay kaşığı vanilya özü
- 2 su bardağı ağartılmamış çok amaçlı un
- ⅓ su bardağı öğütülmüş badem

TALİMATLAR:

a) Büyük bir kapta margarini, ½ bardak şekeri, badem ve vanilya özlerini iyice birleşene kadar krema haline getirin. Küçük bir kapta un ve öğütülmüş bademleri birleştirin.

b) Un karışımını margarin karışımına porsiyonlar halinde ekleyin ve hamur yumuşak ve pürüzsüz hale gelinceye kadar karıştırın.

c) Hamuru ikiye bölün ve her bir yarıyı yaklaşık 5 inç uzunluğunda, 3 inç genişliğinde ve 2 inç yüksekliğinde dikdörtgen bir kütük haline getirin. Kalan ¼ bardak şekeri temiz bir yüzeye serpin ve her bir kütüğün dışını kaplayacak şekilde yuvarlayın.

ç) Her kütüğü plastik ambalaja sarın ve en az 2 saat buzdolabında saklayın.

d) Fırını önceden 375°F'ye ısıtın. Parşömen kağıdıyla iki kurabiye yaprağını hizalayın.

e) Kütükleri buzdolabından çıkarın ve her bir kütüğü kalan şekerle kaplayacak şekilde yuvarlayın. Keskin bir bıçak kullanarak kütükleri ¼ inç kalınlığında dilimler halinde kesin, şeklini korumak için keserken kütüğün kenarlarına bastırın.

f) Dilimlenmiş kurabiyeleri hazırlanan fırın tepsisine 1 inç aralıklarla yerleştirin.

g) 8 ila 10 dakika veya kenarları hafifçe kızarıncaya kadar pişirin. Her iki sayfayı da aynı anda pişiriyorsanız yarıya kadar çevirin.

ğ) Fırından çıkarın ve kurabiyeleri 5 dakika tavada soğumaya bırakın, ardından tel ızgaraya aktarın. Çerezleri tamamen soğumaya bırakın.

h) Hava geçirmez bir kapta saklayın.

24.Kaju Nane Dondurma

İÇİNDEKİLER:

- 2 bardak soya veya kenevir sütü (tam yağlı)
- ¾ su bardağı buharlaştırılmış şeker kamışı
- 1½ çay kaşığı nane özü
- 1 çay kaşığı vanilya özü
- 1½ bardak çiğ kaju fıstığı
- 3 ila 4 damla yeşil gıda boyası (isteğe bağlı)
- 1/16 çay kaşığı guar sakızı
- ⅓ fincan yarı tatlı çikolata talaşı (çikolata üzerinde sebze soyucu kullanın)

TALİMATLAR:

a) Büyük bir tencerede süt ve şekeri birleştirin. Orta ateşte, karışımı sık sık karıştırarak kaynatın.

b) Kaynamaya başlayınca ateşi orta-düşük seviyeye indirin ve şeker eriyene kadar yaklaşık 5 dakika sürekli çırpın.

c) Ateşten alın ve nane ve vanilya özlerini ekleyin, birleştirmek için çırpın.

ç) Kaju fıstıklarını ısıya dayanıklı bir kabın dibine yerleştirin ve üzerine sıcak süt karışımını dökün. Tamamen soğumasını bekleyin. Soğuduktan sonra karışımı bir mutfak robotuna veya yüksek hızlı bir karıştırıcıya aktarın ve pürüzsüz hale gelinceye kadar işleyin, gerektiğinde kenarlarını kazımak için durun.

d) Kullanıyorsanız gıda boyasını ekleyin. İşleminizin sonuna doğru guar sakızını serpin ve iyice karıştığından emin olun.

e) Karışımı 1½ veya 2 litrelik dondurma makinesinin kasesine dökün ve üreticinin talimatlarına göre işlem yapın. Dondurma hazır olduğunda çikolata parçacıklarını yavaşça karıştırın.

f) Sandviçleri birleştirmeden önce en az 2 saat boyunca dondurucuda hava geçirmez bir kapta saklayın.

SANDVİÇ YAPMAK İÇİN

g) Dondurmanın hafifçe yumuşamasını sağlayın, böylece kepçelenmesi kolay olur. Kurabiyelerin yarısını altları yukarı gelecek şekilde temiz bir yüzeye yerleştirin. Her kurabiyenin üstüne bir kepçe dondurma (yaklaşık ⅓ bardak) koyun.

ğ) Kurabiye altları dondurmaya temas edecek şekilde dondurmanın üzerine kalan kurabiyeleri ekleyin. Çerezleri düzleştirmek için yavaşça aşağı doğru bastırın.

h) Her sandviçi plastik ambalaja veya mumlu kağıda sarın ve yemeden önce en az 30 dakika dondurucuya koyun.

25. Zencefilli Fındıklı Dondurma

İÇİNDEKİLER:

- 2 bardak süt içermeyen süt (soya veya kenevir gibi daha yüksek yağlı)
- ¾ su bardağı buharlaştırılmış şeker kamışı
- 1 çay kaşığı öğütülmüş zencefil
- 1 çay kaşığı vanilya özü
- 1½ bardak çiğ kaju fıstığı
- 1/16 çay kaşığı guar sakızı
- ⅓ bardak ince kıyılmış şekerlenmiş zencefil

TALİMATLAR:

a) Büyük bir tencerede süt ve şekeri birlikte çırpın. Orta ateşte, karışımı sık sık karıştırarak kaynatın.

b) Kaynamaya başlayınca ateşi orta-düşük seviyeye indirin ve şeker eriyene kadar yaklaşık 5 dakika sürekli çırpın. Ateşten alın, zencefil ve vanilyayı ekleyin ve birleştirmek için çırpın.

c) Kaju fıstıklarını ısıya dayanıklı bir kabın dibine yerleştirin ve üzerine sıcak süt karışımını dökün. Tamamen soğumasını bekleyin. Soğuduktan sonra karışımı bir mutfak robotuna veya yüksek hızlı bir karıştırıcıya aktarın ve pürüzsüz hale gelinceye kadar işleyin, gerektiğinde kenarlarını kazımak için durun.

ç) İşleminizin sonuna doğru guar sakızını serpin ve iyice karıştığından emin olun.

d) Karışımı 1½ veya 2 litrelik dondurma makinesinin kasesine dökün ve üreticinin talimatlarına göre işlem yapın.

e) Dondurma hazır olduğunda şekerlenmiş zencefili yavaşça karıştırın. Sandviçleri birleştirmeden önce en az 2 saat boyunca dondurucuda hava geçirmez bir kapta saklayın.

SANDVİÇ YAPMAK İÇİN

f) Dondurmanın hafifçe yumuşamasını sağlayın, böylece kepçelenmesi kolay olur . Kurabiyelerin yarısını altları yukarı gelecek şekilde temiz bir yüzeye yerleştirin. Her kurabiyenin üstüne bir kepçe dondurma (yaklaşık ⅓ bardak) koyun.

g) Kurabiye altları dondurmaya temas edecek şekilde dondurmanın üzerine kalan kurabiyeleri ekleyin.

ğ) Çerezleri düzleştirmek için yavaşça aşağı doğru bastırın.

h) Her sandviçi plastik ambalajla veya mumlu kağıtla sarın ve servis yapmadan önce en az 30 dakika dondurucuya koyun.

26.Fıstıklı Çikolata Parçalı Dondurmalı Sandviçler

İÇİNDEKİLER:

- 1 su bardağı kremalı fıstık ezmesi
- ½ su bardağı toz şeker
- ½ su bardağı paketlenmiş esmer şeker
- 1 büyük yumurta
- 1 çay kaşığı vanilya özü
- 1 ¼ bardak çok amaçlı un
- ½ çay kaşığı kabartma tozu
- ¼ çay kaşığı tuz
- ½ su bardağı damla çikolata
- 1 litre çikolatalı dondurma
- Yuvarlamak için kıyılmış fıstık

TALİMATLAR:

a) Fırınınızı önceden 350°F (175°C)'ye ısıtın ve fırın tepsisini parşömen kağıdıyla kaplayın.

b) Bir karıştırma kabında fıstık ezmesini, toz şekeri ve esmer şekeri pürüzsüz hale gelinceye kadar krema haline getirin. Yumurta ve vanilya özütünü ekleyip iyice karıştırın.

c) Ayrı bir kapta un, kabartma tozu ve tuzu birlikte çırpın. Kuru malzemeleri yavaş yavaş fıstık ezmesi karışımına ekleyin ve birleşene kadar karıştırın. Çikolata parçacıklarını karıştırın.

ç) Hamuru 1 inçlik toplara yuvarlayın ve hazırlanan fırın tepsisine yerleştirin. Çapraz bir desen oluşturmak için her topu bir çatalla düzleştirin.

d) 10-12 dakika veya kurabiyeler hafif altın rengi oluncaya kadar pişirin. Tamamen soğumalarına izin verin.

e) Bir kepçe çikolatalı dondurma alın ve iki kurabiyenin arasına sıkıştırın. Daha fazla çıtırlık için kenarlarını kıyılmış fıstıklarla yuvarlayın.

f) Dondurmalı sandviçleri servis yapmadan önce sertleşmesi için en az 1 saat dondurucuya koyun.

27.Badem Joy Dondurma Sandviçleri

İÇİNDEKİLER:

- 1 ½ su bardağı çok amaçlı un
- ½ çay kaşığı karbonat
- ¼ çay kaşığı tuz
- ½ bardak tuzsuz tereyağı, yumuşatılmış
- ½ su bardağı toz şeker
- ½ su bardağı paketlenmiş esmer şeker
- 1 büyük yumurta
- 1 çay kaşığı vanilya özü
- ½ su bardağı kıyılmış hindistan cevizi
- ½ su bardağı kıyılmış badem
- 1 litre hindistancevizi veya bademli dondurma
- Üzerine serpmek için çikolatalı ganaj veya eritilmiş çikolata

TALİMATLAR:

a) Fırınınızı önceden 375°F'ye (190°C) ısıtın ve fırın tepsisini parşömen kağıdıyla kaplayın.

b) Bir kapta un, kabartma tozu ve tuzu birlikte çırpın.

c) Ayrı bir karıştırma kabında yumuşatılmış tereyağını, toz şekeri ve esmer şekeri hafif ve kabarık olana kadar krema haline getirin. Yumurta ve vanilya özütünü ekleyin ve iyice birleşene kadar karıştırın.

ç) Kuru malzemeleri yavaş yavaş tereyağı karışımına ekleyin ve birleşene kadar karıştırın. Kıyılmış hindistancevizi ve kıyılmış bademleri karıştırın.

d) Hazırlanan fırın tepsisine yuvarlak yemek kaşığı dolusu hamur bırakın ve aralarında yaklaşık 2 inç boşluk bırakın. Her hamur topunu avucunuzun içinde hafifçe düzleştirin.

e) 10-12 dakika veya kenarları altın rengi kahverengi olana kadar pişirin. Çerezlerin tamamen soğumasını bekleyin.

f) Bir kaşık hindistancevizi veya bademli dondurma alın ve iki kurabiyenin arasına sıkıştırın. Çikolatalı ganajı veya eritilmiş çikolatayı gezdirin.

g) Dondurmalı sandviçleri servis yapmadan önce sertleşmesi için en az 1 saat dondurucuya koyun.

28. Fıstıklı ve Ahududulu Dondurmalı Sandviçler

İÇİNDEKİLER:

- 1 ½ su bardağı çok amaçlı un
- ½ çay kaşığı karbonat
- ¼ çay kaşığı tuz
- ½ bardak tuzsuz tereyağı, yumuşatılmış
- ½ su bardağı toz şeker
- ½ su bardağı paketlenmiş esmer şeker
- 1 büyük yumurta
- 1 çay kaşığı vanilya özü
- ½ su bardağı kabukları soyulmuş antep fıstığı, doğranmış
- 1 litre fıstıklı dondurma
- Garnitür için taze ahududu

TALİMATLAR:

a) Fırınınızı önceden 375°F'ye (190°C) ısıtın ve fırın tepsisini parşömen kağıdıyla kaplayın.

b) Bir kapta un, kabartma tozu ve tuzu birlikte çırpın.

c) Ayrı bir karıştırma kabında yumuşatılmış tereyağını, toz şekeri ve esmer şekeri hafif ve kabarık olana kadar krema haline getirin. Yumurta ve vanilya özütünü ekleyin ve iyice birleşene kadar karıştırın.

ç) Kuru malzemeleri yavaş yavaş tereyağı karışımına ekleyin ve birleşene kadar karıştırın. Kıyılmış antep fıstıklarını karıştırın.

d) Hazırlanan fırın tepsisine yuvarlak yemek kaşığı dolusu hamur bırakın ve aralarında yaklaşık 2 inç boşluk bırakın. Her hamur topunu avucunuzun içinde hafifçe düzleştirin.

e) 10-12 dakika veya kenarları altın rengi kahverengi olana kadar pişirin. Çerezlerin tamamen soğumasını bekleyin.

f) Bir kepçe fıstıklı dondurma alın ve iki kurabiyenin arasına sıkıştırın. Dondurmanın kenarlarına birkaç taze ahududu bastırın.

g) Dondurmalı sandviçleri servis yapmadan önce sertleşmesi için en az 1 saat dondurucuya koyun.

29. Cevizli ve Karamelli Girdaplı Dondurmalı Sandviçler

İÇİNDEKİLER:
- 1 ½ su bardağı çok amaçlı un
- ½ çay kaşığı karbonat
- ¼ çay kaşığı tuz
- ½ bardak tuzsuz tereyağı, yumuşatılmış
- ½ su bardağı toz şeker
- ½ su bardağı paketlenmiş esmer şeker
- 1 büyük yumurta
- 1 çay kaşığı vanilya özü
- ½ su bardağı kıyılmış ceviz
- 1 litre karamelli girdaplı dondurma
- Üzerine sürmek için karamel sos

TALİMATLAR:

a) Fırınınızı önceden 375°F'ye (190°C) ısıtın ve fırın tepsisini parşömen kağıdıyla kaplayın.

b) Bir kapta un, kabartma tozu ve tuzu birlikte çırpın.

c) Ayrı bir karıştırma kabında yumuşatılmış tereyağını, toz şekeri ve esmer şekeri hafif ve kabarık olana kadar krema haline getirin. Yumurta ve vanilya özütünü ekleyin ve iyice birleşene kadar karıştırın.

ç) Kuru malzemeleri yavaş yavaş tereyağı karışımına ekleyin ve birleşene kadar karıştırın. Kıyılmış cevizleri karıştırın.

d) Hazırlanan fırın tepsisine yuvarlak yemek kaşığı dolusu hamur bırakın ve aralarında yaklaşık 2 inç boşluk bırakın. Her hamur topunu avucunuzun içinde hafifçe düzleştirin.

e) 10-12 dakika veya kenarları altın rengi kahverengi olana kadar pişirin. Çerezlerin tamamen soğumasını bekleyin.

f) Karamelli dondurmadan bir kepçe alın ve iki kurabiyenin arasına sıkıştırın. Karamel sosu gezdirin.

g) Dondurmalı sandviçleri servis yapmadan önce sertleşmesi için en az 1 saat dondurucuya koyun.

30. Fındıklı ve Espressolu Dondurma Sandviçleri

İÇİNDEKİLER:

- 1 ½ su bardağı çok amaçlı un
- ½ çay kaşığı karbonat
- ¼ çay kaşığı tuz
- ½ bardak tuzsuz tereyağı, yumuşatılmış
- ½ su bardağı toz şeker
- ½ su bardağı paketlenmiş esmer şeker
- 1 büyük yumurta
- 1 çay kaşığı vanilya özü
- ½ su bardağı kıyılmış fındık
- 1 pint espresso veya kahve aromalı dondurma
- Garnitür için ezilmiş çikolata kaplı espresso çekirdekleri

TALİMATLAR:

a) Fırınınızı önceden 375°F'ye (190°C) ısıtın ve fırın tepsisini parşömen kağıdıyla kaplayın.

b) Bir kapta un, kabartma tozu ve tuzu birlikte çırpın.

c) Ayrı bir karıştırma kabında yumuşatılmış tereyağını, toz şekeri ve esmer şekeri hafif ve kabarık olana kadar krema haline getirin. Yumurta ve vanilya özütünü ekleyin ve iyice birleşene kadar karıştırın.

ç) Kuru malzemeleri yavaş yavaş tereyağı karışımına ekleyin ve birleşene kadar karıştırın. Kıyılmış fındıkları karıştırın.

d) Hazırlanan fırın tepsisine yuvarlak yemek kaşığı dolusu hamur bırakın ve aralarında yaklaşık 2 inç boşluk bırakın. Her hamur topunu avucunuzun içinde hafifçe düzleştirin.

e) 10-12 dakika veya kenarları altın rengi kahverengi olana kadar pişirin. Çerezlerin tamamen soğumasını bekleyin.

f) Bir kepçe espresso veya kahve aromalı dondurma alın ve iki kurabiyenin arasına sıkıştırın. Ezilmiş çikolata kaplı espresso çekirdeklerini dondurmanın kenarlarına bastırın.

g) Dondurmalı sandviçleri servis yapmadan önce sertleşmesi için en az 1 saat dondurucuya koyun.

31. Fıstıklı Çikolatalı Parça Dondurmalı Sandviç

İÇİNDEKİLER:
12 adet çikolatalı kurabiye
2 su bardağı fıstıklı dondurma
1/2 su bardağı doğranmış bitter çikolata

TALİMATLAR:
6 adet çikolatalı kurabiye alın ve bunları bir fırın tepsisine baş aşağı yerleştirin.
Her kurabiyenin üzerine fıstıklı dondurmayı kaşıkla dökün.
Dondurmanın üzerine doğranmış bitter çikolatayı serpin.
Her dondurma kepçesinin üzerine başka bir çikolata parçacıklı kurabiye yerleştirin ve bir sandviç oluşturmak için hafifçe bastırın.
Dondurma sandviçlerini servis yapmadan önce en az 2 saat dondurun.

32. Fındıklı Pralinli Dondurmalı Sandviç

İÇİNDEKİLER:
12 adet kurabiye
2 su bardağı fındıklı dondurma
1/2 bardak ezilmiş pralin fıstığı

TALİMATLAR:
6 kurabiye alın ve bunları bir fırın tepsisine baş aşağı yerleştirin.
Her kurabiyenin üzerine fındıklı dondurmayı kaşıkla dökün.
Dondurmanın üzerine ezilmiş pralin fındıklarını serpin.
Her dondurma kepçesinin üzerine başka bir kurabiye yerleştirin ve bir sandviç oluşturmak için hafifçe bastırın.
Dondurma sandviçlerini servis yapmadan önce en az 2 saat dondurun.

33.Cevizli Akçaağaçlı Dondurmalı Sandviç

İÇİNDEKİLER:
12 yulaf ezmeli kurabiye
2 su bardağı akçaağaç cevizli dondurma
1/4 su bardağı kıyılmış ceviz

TALİMATLAR:
6 adet yulaflı kurabiye alın ve bunları bir fırın tepsisine baş aşağı yerleştirin.
Her kurabiyenin üzerine akçaağaç cevizli dondurmayı kaşıkla dökün.
Dondurmanın üzerine kıyılmış ceviz serpin.
Her dondurma kepçesinin üzerine başka bir yulaf ezmeli kurabiye yerleştirin ve bir sandviç oluşturmak için hafifçe bastırın.
Dondurma sandviçlerini servis yapmadan önce en az 2 saat dondurun.

34. Kaju Karamelli Crunch Dondurmalı Sandviç

İÇİNDEKİLER:
12 karamelli kurabiye
2 su bardağı kaju karamelli dondurma
1/4 bardak karamel sosu
1/4 bardak ezilmiş kaju

TALİMATLAR:
6 karamelli kurabiye alın ve bir fırın tepsisine baş aşağı yerleştirin.
Her kurabiyenin üzerine kaju karamelli dondurmayı kaşıkla koyun.
Dondurmanın üzerine karamel sosunu gezdirin.
Dondurmanın üzerine ezilmiş kajuları serpin.
Her dondurma kepçesinin üzerine başka bir karamelli kurabiye yerleştirin ve bir sandviç oluşturmak için hafifçe bastırın.
Dondurma sandviçlerini servis yapmadan önce en az 2 saat dondurun.

35. Macadamia Fındıklı Beyaz Çikolatalı Dondurmalı Sandviç

İÇİNDEKİLER:
12 adet beyaz çikolatalı macadamia fıstıklı kurabiye
2 su bardağı beyaz çikolatalı macadamia fıstıklı dondurma
1/4 bardak beyaz çikolata parçacıkları

TALİMATLAR:
6 adet beyaz çikolatalı macadamia fındıklı kurabiye alın ve bunları bir fırın tepsisine baş aşağı yerleştirin.
Her kurabiyenin üzerine beyaz çikolatalı macadamia fıstıklı dondurmayı kaşıkla koyun.
Dondurmanın üzerine beyaz çikolata parçacıklarını serpin.
Her dondurma kepçesinin üzerine başka bir beyaz çikolatalı macadamia fındıklı kurabiye yerleştirin ve bir sandviç oluşturmak için hafifçe bastırın.
Dondurma sandviçlerini servis yapmadan önce en az 2 saat dondurun.

36. Fıstık Ezmeli Bademli Dondurmalı Sandviç

İÇİNDEKİLER:
12 adet fıstık ezmeli kurabiye
2 su bardağı çikolatalı bademli dondurma
1/4 su bardağı ezilmiş badem
1/4 su bardağı çikolata sosu

TALİMATLAR:
6 adet fıstık ezmeli kurabiye alın ve bunları bir fırın tepsisine baş aşağı yerleştirin.
Her kurabiyenin üzerine çikolatalı bademli dondurmayı kaşıkla koyun.
Dondurmanın üzerine ezilmiş bademleri serpin.
Dondurmanın üzerine çikolata sosunu gezdirin.
Her dondurma kepçesinin üzerine başka bir fıstık ezmeli kurabiye yerleştirin ve bir sandviç oluşturmak için hafifçe bastırın.
Dondurma sandviçlerini servis yapmadan önce en az 2 saat dondurun.

37. Cevizli Pralinli Dondurmalı Sandviç

İÇİNDEKİLER:
12 adet çikolatalı fındıklı kurabiye
2 bardak cevizli pralinli dondurma
1/4 bardak ezilmiş ceviz

TALİMATLAR:
6 adet çikolatalı-fındıklı kurabiye alın ve bir fırın tepsisine baş aşağı yerleştirin.
Her kurabiyenin üzerine cevizli pralinli dondurmayı kaşıkla koyun.
Dondurmanın üzerine dövülmüş cevizleri serpin.
Her dondurma kepçesinin üzerine başka bir çikolatalı fındıklı kurabiye yerleştirin ve bir sandviç oluşturmak için hafifçe bastırın.
Dondurma sandviçlerini servis yapmadan önce en az 2 saat dondurun.

38. Brezilya Fındıklı Çikolata Parçalı Dondurmalı Sandviç

İÇİNDEKİLER:

12 adet çift çikolatalı kurabiye
2 su bardağı çikolata parçalı dondurma
1/4 bardak doğranmış Brezilya fıstığı

TALİMATLAR:

6 adet çift çikolatalı kurabiye alın ve bunları bir fırın tepsisine baş aşağı yerleştirin.
Her kurabiyenin üzerine çikolata parçalı dondurma koyun.
Kıyılmış Brezilya fıstıklarını dondurmanın üzerine serpin.
Her dondurma kepçesinin üzerine başka bir çift çikolatalı kurabiye yerleştirin ve bir sandviç oluşturmak için hafifçe bastırın.
Dondurma sandviçlerini servis yapmadan önce en az 2 saat dondurun.

39. Karışık Fındıklı Karamelli Dondurmalı Sandviç

İÇİNDEKİLER:
12 adet yulaflı kuru üzümlü kurabiye
2 su bardağı karışık fındıklı karamelli dondurma
1/4 su bardağı karışık kıyılmış fındık
1/4 bardak karamel sosu

TALİMATLAR:
6 adet yulaf ezmeli kuru üzümlü kurabiye alın ve bunları bir fırın tepsisine baş aşağı yerleştirin.
Her kurabiyenin üzerine karışık fındıklı karamelli dondurmayı kaşıkla koyun.
Dondurmanın üzerine karamel sosunu gezdirin.
Karışık doğranmış fındıkları dondurmanın üzerine serpin.
Her dondurma kepçesinin üzerine başka bir yulaf ezmeli kuru üzümlü kurabiye yerleştirin ve bir sandviç oluşturmak için hafifçe bastırın.
Dondurma sandviçlerini servis yapmadan önce en az 2 saat dondurun.

MEYVE EŞLEŞMELERİ

40. Çikolatalı Dondurmalı Sandviçler için Muz

İÇİNDEKİLER:
- 1¾ su bardağı ağartılmamış çok amaçlı un
- 1 çay kaşığı kabartma tozu
- ¼ çay kaşığı tuz
- ⅔ bardak buharlaştırılmış şeker kamışı
- ¼ bardak süt içermeyen margarin, yumuşatılmış
- 1 büyük kabaca püre haline getirilmiş, olgun muz (yaklaşık ½ bardak püre)
- 1 çay kaşığı vanilya özü

TALİMATLAR:
a) Fırını önceden 350°F'ye ısıtın. İki fırın tepsisini parşömen kağıdıyla hizalayın.
b) Orta boy bir kapta un, kabartma tozu ve tuzu birleştirin. Büyük bir kapta şekeri ve margarini krema haline getirin.
c) Muz ve vanilyayı ekleyin ve iyice birleşene kadar karıştırın.
ç) Kuru malzemeleri gruplar halinde ıslak karışıma ekleyin ve pürüzsüz hale gelinceye kadar karıştırın.
d) Bir kurabiye damlalığı veya çorba kaşığı kullanarak, hazırlanan fırın tepsilerine yaklaşık 1 inç aralıklarla çorba kaşığı büyüklüğünde hamur kepçeleri bırakın.
e) Kurabiyeler yayılıncaya ve kenarları ayarlanıp hafifçe altın rengi oluncaya kadar 9 ila 12 dakika pişirin.
f) Fırından çıkarın ve kurabiyeleri 5 dakika tavada soğumaya bırakın, ardından tel ızgaraya aktarın. Çerezleri tamamen soğumaya bırakın.
g) Hava geçirmez bir kapta saklayın

41.Ravent Ortabatı Sandviçleri

İÇİNDEKİLER:
- 1¾ su bardağı ağartılmamış çok amaçlı un
- 1 çay kaşığı kabartma tozu
- ¼ çay kaşığı tuz
- ¾ bardak buharlaştırılmış şeker kamışı
- ½ bardak süt içermeyen margarin, yumuşatılmış
- 1 çay kaşığı vanilya özü
- 1 bardak doğranmış taze veya dondurulmuş (çözülmüş) ravent (kırmızı kısımlar, yeşil değil)

TALİMATLAR:
a) Fırını önceden 350°F'ye ısıtın. İki fırın tepsisini parşömen kağıdıyla hizalayın.

b) Orta boy bir kapta un, kabartma tozu ve tuzu birleştirin. Büyük bir kapta şekeri ve margarini krema haline getirin. Vanilyayı ekleyin ve iyice birleşene kadar karıştırın.

c) Kuru malzemeleri ıslak malzemelerle gruplar halinde birleştirin ve pürüzsüz hale gelinceye kadar karıştırın. Raventi yavaşça katlayın.

ç) Bir kurabiye damlalığı veya yemek kaşığı kullanarak, yemek kaşığı büyüklüğünde hamurdan parçalar bırakın ve bunları hazırlanan fırın tepsilerine yaklaşık 1 inç aralıklarla yerleştirin.

d) Kurabiyeler yayılıncaya ve kenarları ayarlanıp hafifçe altın rengi oluncaya kadar 9 ila 12 dakika pişirin.

e) Fırından çıkarın ve kurabiyeleri 5 dakika tavada soğumaya bırakın, ardından tel ızgaraya aktarın. Çerezleri tamamen soğumaya bırakın.

f) Hava geçirmez bir kapta saklayın

42.Tart Vişneli Girdap Hindistan Cevizli Dondurma

İÇİNDEKİLER:
- ¾ bardak artı 2 yemek kaşığı buharlaştırılmış şeker kamışı
- 1 (13,5 ons) kutu tam yağlı hindistan cevizi sütü (hafif değil)
- 1 bardak süt içermeyen süt
- 1 çay kaşığı vanilya özü
- ⅓ bardak kurutulmuş tart kiraz, iri kıyılmış
- ¼ bardak su
- ½ çay kaşığı ararot veya tapyoka nişastası
- ½ çay kaşığı taze limon suyu

TALİMATLAR:
a) Büyük bir tencerede ¾ bardak şekeri hindistan cevizi sütü ve diğer süt ürünü olmayan sütle birleştirin ve karıştırarak ekleyin. Orta ateşte, karışımı sık sık karıştırarak kaynatın.

b) Kaynamaya başlayınca ateşi orta-düşük seviyeye indirin ve şeker eriyene kadar yaklaşık 5 dakika sürekli çırpın. Ateşten alın ve vanilyayı ekleyip karıştırarak birleştirin.

c) Karışımı ısıya dayanıklı bir kaba aktarın ve tamamen soğumasını bekleyin.

ç) Dondurma tabanı soğurken kurutulmuş kirazları ve suyu küçük bir tencerede birleştirin. Kirazlar yumuşayana ve karışım köpürmeye başlayana kadar orta ateşte pişirin.

d) Küçük bir kapta kalan 2 yemek kaşığı şekeri ve nişastayı birleştirin. Karışımı kirazların üzerine serpin ve ateşi kısın.

e) Karışım koyulaşana kadar yaklaşık 3 dakika pişirmeye devam edin, ardından limon suyunu ekleyin. Tamamen soğuması için ısıya dayanıklı bir kaba aktarın.

f) Dondurma bazı karışımını 1½ veya 2 litrelik dondurma makinesinin kasesine dökün ve üreticinin talimatlarına göre işlem yapın. Dondurma hazır olduğunda üçte birini dondurucuya uygun bir kaba alın, ardından soğutulmuş vişne karışımının yarısını ekleyin.

g) Dondurmanın üçte birini daha ekleyin ve üzerine kalan kiraz karışımını ekleyin.

ğ) Dondurmanın son üçte birini üstüne koyun, ardından karışımın içine 2 veya 3 kez bir tereyağı bıçağı çekerek döndürün. Sandviçleri birleştirmeden önce en az 2 saat boyunca dondurucuda hava geçirmez bir kapta saklayın .

SANDVİÇ YAPMAK İÇİN

h) Dondurmayı hafifçe yumuşatın ki kepçeyle kolayca alınabilsin. Kurabiyelerin yarısını altları yukarı gelecek şekilde temiz bir yüzeye yerleştirin. Her kurabiyenin üstüne bir kepçe dondurma (yaklaşık ⅓ bardak) koyun.

ı) Kurabiye altları dondurmaya temas edecek şekilde dondurmanın üzerine kalan kurabiyeleri ekleyin.

i) Çerezleri düzleştirmek için yavaşça aşağı doğru bastırın.

j) Her sandviçi plastik ambalaja veya mumlu kağıda sarın ve yemeden önce en az 30 dakika dondurucuya koyun.

43.Çilekli Italiano Sandviçler

İÇİNDEKİLER:

- 1 litre çilekli dondurma
- 1 su bardağı taze çilek, doğranmış
- 8 adet italyan kedi dili kurabiyesi
- Krem şanti (isteğe bağlı, servis için)
- Taze nane yaprakları (süslemek için)

TALİMATLAR:

a) Yarım litre çilekli dondurmayı dondurucudan çıkarın ve işlenmesi kolay hale gelinceye kadar birkaç dakika yumuşamasını bekleyin.
b) Bir kapta doğranmış taze çilekleri çatal yardımıyla suyunu salana kadar ezin.
c) Püre haline getirilmiş çilekleri yumuşamış dondurmaya ekleyin ve eşit şekilde dağılıncaya kadar iyice karıştırın.
ç) Bir fırın tepsisini veya tavayı parşömen kağıdı veya plastik ambalajla hizalayın.
d) Dört adet İtalyan kedi dili kurabiyesini alın ve dikdörtgen bir şekil oluşturacak şekilde yan yana tabağa yerleştirin.
e) Çilekli dondurma karışımını tabaktaki kedi dillerinin üzerine eşit şekilde dağıtın.
f) Kalan dört adet kedi dili kurabiyesini dondurmanın üzerine yerleştirip bir sandviç oluşturun.
g) Kabı plastik ambalajla örtün ve en az 4 saat veya dondurma sertleşene kadar dondurun.
ğ) Dondurma tamamen donduktan sonra kabı dondurucudan çıkarın ve hafifçe yumuşaması için oda sıcaklığında birkaç dakika bekletin.
h) Keskin bir bıçak kullanarak dondurmalı sandviçi tek tek porsiyonlara kesin.
ı) Çilekli Italiano Dondurma Sandviçlerini tabaklarda veya kaselerde servis edin.
i) İsteğe bağlı olarak, her sandviçin üzerine bir parça çırpılmış krema koyun ve taze nane yapraklarıyla süsleyin.
j) Ev yapımı Çilekli Italiano Dondurma Sandviçlerinizin tadını çıkarın!

44.Çilekli Kurabiye Dondurmalı Sandviçler

İÇİNDEKİLER:
- 1 ½ su bardağı çok amaçlı un
- ½ çay kaşığı kabartma tozu
- ¼ çay kaşığı tuz
- ½ bardak tuzsuz tereyağı, yumuşatılmış
- ¾ su bardağı toz şeker
- 1 büyük yumurta
- 1 çay kaşığı vanilya özü
- 1 su bardağı doğranmış çilek
- 1 litre çilekli dondurma

TALİMATLAR:
a) Fırınınızı önceden 350°F (175°C)'ye ısıtın ve fırın tepsisini parşömen kağıdıyla kaplayın.

b) Bir kapta un, kabartma tozu ve tuzu birlikte çırpın.

c) Ayrı bir karıştırma kabında yumuşatılmış tereyağını ve toz şekeri hafif ve kabarık olana kadar krema haline getirin. Yumurta ve vanilya özütünü ekleyin ve iyice birleşene kadar karıştırın.

ç) Kuru malzemeleri yavaş yavaş tereyağı karışımına ekleyin ve birleşene kadar karıştırın. Doğranmış çilekleri katlayın.

d) Hazırlanan fırın tepsisine yuvarlak yemek kaşığı dolusu hamur bırakın ve aralarında yaklaşık 2 inç boşluk bırakın. Her hamur topunu avucunuzun içinde hafifçe düzleştirin.

e) 10-12 dakika veya kenarları altın rengi kahverengi olana kadar pişirin. Çerezlerin tamamen soğumasını bekleyin.

f) Bir kepçe çilekli dondurma alın ve iki kurabiyenin arasına sıkıştırın.

g) Dondurmalı sandviçleri servis yapmadan önce sertleşmesi için en az 1 saat dondurucuya koyun.

45.Muzlu Dondurmalı Sandviçler

İÇİNDEKİLER:

- 1 ½ su bardağı çok amaçlı un
- ½ çay kaşığı karbonat
- ¼ çay kaşığı tuz
- ½ bardak tuzsuz tereyağı, yumuşatılmış
- ½ su bardağı toz şeker
- ½ su bardağı paketlenmiş esmer şeker
- 1 büyük yumurta
- 1 çay kaşığı vanilya özü
- ½ bardak olgun muz püresi
- ½ su bardağı damla çikolata
- 1 litre vanilyalı dondurma
- Süslemek için dilimlenmiş çilek ve doğranmış ananas
- Üzerine sürmek için çikolata şurubu ve krem şanti

TALİMATLAR:

a) Fırınınızı önceden 375°F'ye (190°C) ısıtın ve fırın tepsisini parşömen kağıdıyla kaplayın.

b) Bir kapta un, kabartma tozu ve tuzu birlikte çırpın.

c) Ayrı bir karıştırma kabında yumuşatılmış tereyağını, toz şekeri ve esmer şekeri hafif ve kabarık olana kadar krema haline getirin. Yumurta ve vanilya özütünü ekleyin ve iyice birleşene kadar karıştırın.

ç) Kuru malzemeleri yavaş yavaş tereyağı karışımına ekleyin ve birleşene kadar karıştırın. Ezilmiş muzları ve çikolata parçacıklarını karıştırın.

d) Hazırlanan fırın tepsisine yuvarlak yemek kaşığı dolusu hamur bırakın ve aralarında yaklaşık 2 inç boşluk bırakın. Her hamur topunu avucunuzun içinde hafifçe düzleştirin.

e) 10-12 dakika veya kenarları altın rengi kahverengi olana kadar pişirin. Çerezlerin tamamen soğumasını bekleyin.

f) Bir kepçe vanilyalı dondurma alın ve iki kurabiyenin arasına sıkıştırın. Dilimlenmiş çilekleri ve doğranmış ananasları dondurmanın kenarlarına bastırın.

g) Üzerine çikolata şurubu gezdirin ve üzerine krem şanti ekleyin.

ğ) Dondurmalı sandviçleri servis yapmadan önce sertleşmesi için en az 1 saat dondurucuya koyun.

46.Yaban Mersinli Limonlu Dondurma Sandviçleri

İÇİNDEKİLER:
- 1 ½ su bardağı çok amaçlı un
- ½ çay kaşığı karbonat
- ¼ çay kaşığı tuz
- ½ bardak tuzsuz tereyağı, yumuşatılmış
- ½ su bardağı toz şeker
- ½ su bardağı paketlenmiş esmer şeker
- 1 büyük yumurta
- 1 çay kaşığı vanilya özü
- 1 limon kabuğu rendesi ve
- 1 su bardağı taze yaban mersini
- 1 litre limonlu veya yaban mersinli dondurma

TALİMATLAR:
a) Fırınınızı önceden 375°F'ye (190°C) ısıtın ve fırın tepsisini parşömen kağıdıyla kaplayın.

b) Bir kapta un, kabartma tozu ve tuzu birlikte çırpın.

c) Ayrı bir karıştırma kabında yumuşatılmış tereyağını, toz şekeri ve esmer şekeri hafif ve kabarık olana kadar krema haline getirin. Yumurtayı, vanilya özütünü ve limon kabuğu rendesini ekleyin ve iyice birleşene kadar karıştırın.

ç) Kuru malzemeleri yavaş yavaş tereyağı karışımına ekleyin ve birleşene kadar karıştırın. Taze yaban mersinlerini yavaşça katlayın.

d) Hazırlanan fırın tepsisine yuvarlak yemek kaşığı dolusu hamur bırakın ve aralarında yaklaşık 2 inç boşluk bırakın. Her hamur topunu avucunuzun içinde hafifçe düzleştirin.

e) 10-12 dakika veya kenarları altın rengi kahverengi olana kadar pişirin. Çerezlerin tamamen soğumasını bekleyin.

f) Bir kaşık limonlu veya yaban mersinli dondurmayı alın ve iki kurabiyenin arasına sıkıştırın.

g) Dondurmalı sandviçleri servis yapmadan önce sertleşmesi için en az 1 saat dondurucuya koyun.

47.Mango Hindistan Cevizli Dondurma Sandviçleri

İÇİNDEKİLER:
- 1 ½ su bardağı çok amaçlı un
- ½ çay kaşığı karbonat
- ¼ çay kaşığı tuz
- ½ bardak tuzsuz tereyağı, yumuşatılmış
- ½ su bardağı toz şeker
- ½ su bardağı paketlenmiş esmer şeker
- 1 büyük yumurta
- 1 çay kaşığı vanilya özü
- ½ bardak doğranmış olgun mango
- ¼ bardak kıyılmış hindistan cevizi
- 1 litre mango veya hindistancevizi dondurması

TALİMATLAR:
a) Fırınınızı önceden 375°F'ye (190°C) ısıtın ve fırın tepsisini parşömen kağıdıyla kaplayın.
b) Bir kapta un, kabartma tozu ve tuzu birlikte çırpın.
c) Ayrı bir karıştırma kabında yumuşatılmış tereyağını, toz şekeri ve esmer şekeri hafif ve kabarık olana kadar krema haline getirin. Yumurta ve vanilya özütünü ekleyin ve iyice birleşene kadar karıştırın.
ç) Kuru malzemeleri yavaş yavaş tereyağı karışımına ekleyin ve birleşene kadar karıştırın. Doğranmış mangoyu ve kıyılmış hindistan cevizini karıştırın.
d) Hazırlanan fırın tepsisine yuvarlak yemek kaşığı dolusu hamur bırakın ve aralarında yaklaşık 2 inç boşluk bırakın. Her hamur topunu avucunuzun içinde hafifçe düzleştirin.
e) 10-12 dakika veya kenarları altın rengi kahverengi olana kadar pişirin. Çerezlerin tamamen soğumasını bekleyin.
f) Bir kepçe mango veya hindistancevizi dondurması alın ve iki kurabiyenin arasına sıkıştırın.
g) Dondurmalı sandviçleri servis yapmadan önce sertleşmesi için en az 1 saat dondurucuya koyun.

48.Ahududu Beyaz Çikolatalı Dondurma Sandviçler

İÇİNDEKİLER:

- 1 ½ su bardağı çok amaçlı un
- ½ çay kaşığı karbonat
- ¼ çay kaşığı tuz
- ½ bardak tuzsuz tereyağı, yumuşatılmış
- ½ su bardağı toz şeker
- ½ su bardağı paketlenmiş esmer şeker
- 1 büyük yumurta
- 1 çay kaşığı vanilya özü
- ½ bardak taze ahududu
- ½ su bardağı beyaz çikolata parçaları
- 1 litre ahududu veya beyaz çikolatalı dondurma

TALİMATLAR:

a) Fırınınızı önceden 375°F'ye (190°C) ısıtın ve fırın tepsisini parşömen kağıdıyla kaplayın.

b) Bir kapta un, kabartma tozu ve tuzu birlikte çırpın.

c) Ayrı bir karıştırma kabında yumuşatılmış tereyağını, toz şekeri ve esmer şekeri hafif ve kabarık olana kadar krema haline getirin. Yumurta ve vanilya özütünü ekleyin ve iyice birleşene kadar karıştırın.

ç) Kuru malzemeleri yavaş yavaş tereyağı karışımına ekleyin ve birleşene kadar karıştırın. Taze ahududu ve beyaz çikolata parçacıklarını karıştırın.

d) Hazırlanan fırın tepsisine yuvarlak yemek kaşığı dolusu hamur bırakın ve aralarında yaklaşık 2 inç boşluk bırakın. Her hamur topunu avucunuzun içinde hafifçe düzleştirin.

e) 10-12 dakika veya kenarları altın rengi kahverengi olana kadar pişirin. Çerezlerin tamamen soğumasını bekleyin.

f) Bir kepçe ahududu veya beyaz çikolatalı dondurma alın ve iki kurabiyenin arasına sıkıştırın.

g) Dondurmalı sandviçleri servis yapmadan önce sertleşmesi için en az 1 saat dondurucuya koyun.

49.Ahududu Cheesecake Dondurmalı Sandviç

İÇİNDEKİLER:

12 graham kraker
2 su bardağı frambuazlı cheesecake dondurma
1 su bardağı taze ahududu

TALİMATLAR:

6 graham krakerini alın ve bir fırın tepsisine baş aşağı yerleştirin.

Her krakerin üzerine ahududulu cheesecake dondurmasını kaşıkla koyun.

Dondurmanın üzerine taze ahududu serpin.

Her dondurma kepçesinin üzerine başka bir graham krakeri yerleştirin ve bir sandviç oluşturmak için hafifçe bastırın.

Dondurma sandviçlerini servis yapmadan önce en az 2 saat dondurun.

50.Ananaslı Hindistan Cevizli Dondurmalı Sandviç

İÇİNDEKİLER:
12 adet vanilyalı gofret
2 su bardağı ananaslı hindistan cevizli dondurma
1 su bardağı taze ananas, doğranmış

TALİMATLAR:
6 vanilyalı gofret alın ve bunları bir fırın tepsisine baş aşağı yerleştirin.
Her bir gofretin üzerine ananaslı hindistancevizi dondurmasını kaşıkla koyun.
Dondurmanın üzerine doğranmış taze ananas serpin.
Her dondurma kepçesinin üzerine başka bir vanilyalı gofret yerleştirin ve bir sandviç oluşturmak için hafifçe bastırın.
Dondurma sandviçlerini servis yapmadan önce en az 2 saat dondurun.

51.Şeftali Melba Dondurmalı Sandviç

İÇİNDEKİLER:

12 adet kurabiye
2 su bardağı şeftalili dondurma
1 su bardağı taze ahududu
1 su bardağı taze şeftali, dilimlenmiş

TALİMATLAR:

6 kurabiye alın ve bunları bir fırın tepsisine baş aşağı yerleştirin.
Her kurabiyenin üzerine şeftalili dondurmayı kaşıkla dökün.
Dondurmanın üzerine taze ahududu ve dilimlenmiş şeftali ekleyin.
Her dondurma kepçesinin üzerine başka bir kurabiye yerleştirin ve bir sandviç oluşturmak için hafifçe bastırın.
Dondurma sandviçlerini servis yapmadan önce en az 2 saat dondurun.

52.Karpuz Nane Dondurmalı Sandviç

İÇİNDEKİLER:
12 şekerli kurabiye
2 su bardağı karpuz şerbeti
Taze nane yaprakları

TALİMATLAR:
6 şekerli kurabiye alın ve bunları bir fırın tepsisine baş aşağı yerleştirin.
Her kurabiyenin üzerine karpuz şerbetini dökün.
Şerbetin üzerine taze nane yaprağı koyun.
Her dondurma kepçesinin üzerine başka bir şekerli kurabiye koyun ve bir sandviç oluşturmak için hafifçe bastırın.
Dondurma sandviçlerini servis yapmadan önce en az 2 saat dondurun.

53.Kivi Limonlu Dondurma Sandviç

İÇİNDEKİLER:
12 adet zencefilli kurabiye
2 bardak kivi limonlu dondurma
2 kivi, soyulmuş ve dilimlenmiş

TALİMATLAR:
6 adet gingersnap kurabiyesi alın ve bunları bir fırın tepsisine baş aşağı yerleştirin.
Her kurabiyenin üzerine kivi limonlu dondurmayı kaşıkla koyun.
Dondurmanın üzerine birkaç dilim kivi koyun.
Her dondurma kepçesinin üzerine başka bir zencefilli kurabiye koyun ve bir sandviç oluşturmak için hafifçe bastırın.
Dondurma sandviçlerini servis yapmadan önce en az 2 saat dondurun.

54.Böğürtlenli Lavanta Dondurmalı Sandviç

İÇİNDEKİLER:
12 yulaf ezmeli kurabiye
2 su bardağı böğürtlen lavantalı dondurma
Taze böğürtlen

TALİMATLAR:
6 adet yulaflı kurabiye alın ve bunları bir fırın tepsisine baş aşağı yerleştirin.
Her kurabiyenin üzerine böğürtlenli lavantalı dondurmayı kaşıkla koyun.
Dondurmanın üzerine taze böğürtlenleri ekleyin.
Her dondurma kepçesinin üzerine başka bir yulaf ezmeli kurabiye yerleştirin ve bir sandviç oluşturmak için hafifçe bastırın.
Dondurma sandviçlerini servis yapmadan önce en az 2 saat dondurun.

55.Karışık Meyveli Yoğurtlu Dondurmalı Sandviç

İÇİNDEKİLER:
12 adet çikolatalı graham kraker
2 su bardağı karışık meyveli yoğurtlu dondurma
Karışık taze meyveler (çilek, yaban mersini ve ahududu gibi)

TALİMATLAR:
6 adet çikolatalı graham krakerini alın ve bir fırın tepsisine baş aşağı yerleştirin.
Her krakerin üzerine karışık meyveli yoğurtlu dondurmayı kaşıkla dökün.
Dondurmanın üzerine çeşitli taze meyveler ekleyin.
Her dondurma kepçesinin üzerine başka bir çikolatalı graham kraker yerleştirin ve bir sandviç oluşturmak için hafifçe bastırın.
Dondurma sandviçlerini servis yapmadan önce en az 2 saat dondurun.

BAHARATLI EŞLEŞMELER

56. Baharatlı Fındıklı Dondurma

İÇİNDEKİLER:
- 2 bardak soya veya kenevir sütü
- ¾ su bardağı buharlaştırılmış şeker kamışı
- 1 çay kaşığı öğütülmüş tarçın
- ½ çay kaşığı öğütülmüş zencefil
- ⅛ çay kaşığı öğütülmüş yenibahar
- 1 çay kaşığı vanilya özü
- 1½ bardak çiğ kaju fıstığı
- 1/16 çay kaşığı guar sakızı

TALİMATLAR:
a) Büyük bir tencerede süt ve şekeri birleştirin. Orta ateşte, karışımı sık sık karıştırarak kaynatın. Kaynamaya başlayınca ateşi orta-düşük seviyeye indirin ve şeker eriyene kadar yaklaşık 5 dakika sürekli çırpın.

b) Ateşten alın ve tarçın, zencefil, yenibahar ve vanilyayı ekleyip karıştırarak birleştirin.

c) Kaju fıstıklarını ısıya dayanıklı bir kabın dibine yerleştirin ve üzerine sıcak süt karışımını dökün. Tamamen soğumasını bekleyin.

ç) Soğuduktan sonra karışımı bir mutfak robotuna veya yüksek hızlı bir karıştırıcıya aktarın ve pürüzsüz hale gelinceye kadar işleyin, gerektiğinde kenarlarını kazımak için durun.

d) İşleminizin sonuna doğru guar sakızını serpin ve iyice karıştığından emin olun.

e) Karışımı 1½ veya 2 litrelik dondurma makinesinin kasesine dökün ve üreticinin talimatlarına göre işlem yapın. Sandviçleri birleştirmeden önce en az 2 saat boyunca dondurucuda hava geçirmez bir kapta saklayın.

SANDVİÇ YAPMAK İÇİN
f) Dondurmanın hafifçe yumuşamasını sağlayın, böylece kepçelenmesi kolay olur. Kurabiyelerin yarısını altları yukarı gelecek şekilde temiz bir yüzeye yerleştirin. Her kurabiyenin üstüne bir kepçe dondurma (yaklaşık ⅓ bardak) koyun.

g) Kurabiye altları dondurmaya temas edecek şekilde dondurmanın üzerine kalan kurabiyeleri ekleyin.

ğ) Çerezleri düzleştirmek için yavaşça aşağı doğru bastırın.

h) Her sandviçi plastik ambalaja veya mumlu kağıda sarın ve yemeden önce en az 30 dakika dondurucuya koyun.

57.Kabak Baharatlı Sandviçler

İÇİNDEKİLER:
- 2 su bardağı ağartılmamış çok amaçlı un
- ½ çay kaşığı kabartma tozu
- 1 çay kaşığı öğütülmüş tarçın
- ¼ çay kaşığı tuz
- ¾ bardak süt içermeyen margarin, oda sıcaklığında
- ¾ su bardağı paketlenmiş koyu esmer şeker
- ½ su bardağı buharlaştırılmış şeker kamışı
- 2 çay kaşığı vanilya özü
- 1 su bardağı rendelenmiş kabak
- ⅓ su bardağı kıyılmış ceviz

TALİMATLAR:

a) Fırını önceden 350°F'ye ısıtın. İki fırın tepsisini parşömen kağıdıyla hizalayın.

b) Küçük bir kapta un, kabartma tozu, tarçın ve tuzu birleştirin. Büyük bir kapta margarini, esmer şekeri, şeker kamışını ve vanilyayı birlikte krema haline getirin.

c) Kuru malzemeleri gruplar halinde ıslak karışıma ekleyin ve pürüzsüz hale gelinceye kadar karıştırın, ardından kabak ve cevizleri ekleyin.

ç) Bir kurabiye damlalığı veya çorba kaşığı kullanarak, hazırlanan fırın tepsisine yaklaşık 2 inç aralıkla yığın halinde hamur kepçeleri bırakın. Her çerezi hafifçe aşağı doğru bastırın.

d) 9 ila 11 dakika veya kenarları hafif altın rengi olana kadar pişirin. Fırından çıkarın ve tavada 5 dakika soğumaya bırakın, ardından tel ızgaraya çıkarın. Çerezleri tamamen soğumaya bırakın.

e) Hava geçirmez bir kapta saklayın.

58. Meksika Çikolatalı Dondurma Sandviçleri

İÇİNDEKİLER:

- 1 ½ su bardağı çok amaçlı un
- ½ bardak şekersiz kakao tozu
- 1 çay kaşığı öğütülmüş tarçın
- ½ çay kaşığı acı biber
- ½ çay kaşığı karbonat
- ¼ çay kaşığı tuz
- ½ bardak tuzsuz tereyağı, yumuşatılmış
- ½ su bardağı toz şeker
- ½ su bardağı paketlenmiş esmer şeker
- 1 büyük yumurta
- 1 çay kaşığı vanilya özü
- 1 litre çikolatalı veya tarçınlı dondurma
- Garnitür için toz biber

TALİMATLAR:

a) Fırınınızı önceden 375°F'ye (190°C) ısıtın ve fırın tepsisini parşömen kağıdıyla kaplayın.

b) Bir kapta un, kakao tozu, tarçın, kırmızı biber, kabartma tozu ve tuzu birlikte çırpın.

c) Ayrı bir karıştırma kabında yumuşatılmış tereyağını, toz şekeri ve esmer şekeri hafif ve kabarık olana kadar krema haline getirin. Yumurta ve vanilya özütünü ekleyin ve iyice birleşene kadar karıştırın.

ç) Kuru malzemeleri yavaş yavaş tereyağı karışımına ekleyin ve birleşene kadar karıştırın.

d) Hazırlanan fırın tepsisine yuvarlak yemek kaşığı dolusu hamur bırakın ve aralarında yaklaşık 2 inç boşluk bırakın. Her hamur topunu avucunuzun içinde hafifçe düzleştirin.

e) 10-12 dakika veya kenarları sertleşene kadar pişirin. Çerezlerin tamamen soğumasını bekleyin.

f) Bir kaşık çikolatalı veya tarçınlı dondurma alın ve iki kurabiyenin arasına sıkıştırın. Ekstra bir vuruş için üstüne biber tozu serpin.

g) Dondurmalı sandviçleri servis yapmadan önce sertleşmesi için en az 1 saat dondurucuya koyun.

59.Baharatlı Mango Habanero Dondurma Sandviçleri

İÇİNDEKİLER:

- 1 ½ su bardağı çok amaçlı un
- ½ çay kaşığı karbonat
- ¼ çay kaşığı tuz
- ½ bardak tuzsuz tereyağı, yumuşatılmış
- ½ su bardağı toz şeker
- ½ su bardağı paketlenmiş esmer şeker
- 1 büyük yumurta
- 1 çay kaşığı vanilya özü
- 1 olgun mango, soyulmuş ve doğranmış
- 1 habanero biber, çekirdeği çıkarılmış ve kıyılmış
- 1 litre mango veya vanilyalı dondurma

TALİMATLAR:

a) Fırınınızı önceden 375°F'ye (190°C) ısıtın ve fırın tepsisini parşömen kağıdıyla kaplayın.

b) Bir kapta un, kabartma tozu ve tuzu birlikte çırpın.

c) Ayrı bir karıştırma kabında yumuşatılmış tereyağını, toz şekeri ve esmer şekeri hafif ve kabarık olana kadar krema haline getirin. Yumurta ve vanilya özütünü ekleyin ve iyice birleşene kadar karıştırın.

ç) Kuru malzemeleri yavaş yavaş tereyağı karışımına ekleyin ve birleşene kadar karıştırın. Doğranmış mangoyu ve kıyılmış habanero biberini karıştırın.

d) Hazırlanan fırın tepsisine yuvarlak yemek kaşığı dolusu hamur bırakın ve aralarında yaklaşık 2 inç boşluk bırakın. Her hamur topunu avucunuzun içinde hafifçe düzleştirin.

e) 10-12 dakika veya kenarları altın rengi kahverengi olana kadar pişirin. Çerezlerin tamamen soğumasını bekleyin.

f) Bir kepçe mango veya vanilyalı dondurma alın ve iki kurabiyenin arasına sıkıştırın.

g) Dondurmalı sandviçleri servis yapmadan önce sertleşmesi için en az 1 saat dondurucuya koyun.

60.Chipotle Çikolatalı Dondurma Sandviçler

İÇİNDEKİLER:
- 1 ½ su bardağı çok amaçlı un
- ½ bardak şekersiz kakao tozu
- 1 çay kaşığı kabartma tozu
- ¼ çay kaşığı tuz
- ½ çay kaşığı toz biber
- ½ bardak tuzsuz tereyağı, yumuşatılmış
- 1 su bardağı toz şeker
- 2 büyük yumurta
- 1 çay kaşığı vanilya özü
- 1 litre çikolatalı veya vanilyalı dondurma
- Süslemek için ezilmiş kırmızı biber gevreği

TALİMATLAR:
a) Fırınınızı önceden 350°F (175°C)'ye ısıtın ve fırın tepsisini parşömen kağıdıyla kaplayın.

b) Bir kapta un, kakao tozu, kabartma tozu, tuz ve toz biberi birlikte çırpın.

c) Ayrı bir karıştırma kabında yumuşatılmış tereyağını ve toz şekeri hafif ve kabarık olana kadar krema haline getirin. Yumurtaları teker teker ekleyin ve her eklemeden sonra iyice çırpın. Vanilya ekstraktını karıştırın.

ç) Kuru malzemeleri yavaş yavaş tereyağı karışımına ekleyin ve birleşene kadar karıştırın.

d) Hazırlanan fırın tepsisine yuvarlak yemek kaşığı dolusu hamur bırakın ve aralarında yaklaşık 2 inç boşluk bırakın. Her hamur topunu avucunuzun içinde hafifçe düzleştirin.

e) 10-12 dakika veya kenarları sertleşene kadar pişirin. Çerezlerin tamamen soğumasını bekleyin.

f) Bir kepçe çikolatalı veya vanilyalı dondurma alın ve iki kurabiyenin arasına sıkıştırın. Baharatlı bir dokunuş için üzerine ezilmiş kırmızı pul biber serpin.

g) Dondurmalı sandviçleri servis yapmadan önce sertleşmesi için en az 1 saat dondurucuya koyun.

61.Jalapeno Limonlu Dondurma Sandviçleri

İÇİNDEKİLER:

- 1 ½ su bardağı çok amaçlı un
- ½ çay kaşığı karbonat
- ¼ çay kaşığı tuz
- ½ bardak tuzsuz tereyağı, yumuşatılmış
- ½ su bardağı toz şeker
- ½ su bardağı paketlenmiş esmer şeker
- 1 büyük yumurta
- 1 çay kaşığı vanilya özü
- 1 limonun kabuğu rendesi ve suyu
- 2 jalapeno biber, çekirdeği çıkarılmış ve kıyılmış
- 1 litre limonlu veya vanilyalı dondurma

TALİMATLAR:

a) Fırınınızı önceden 375°F'ye (190°C) ısıtın ve fırın tepsisini parşömen kağıdıyla kaplayın.

b) Bir kapta un, kabartma tozu ve tuzu birlikte çırpın.

c) Ayrı bir karıştırma kabında yumuşatılmış tereyağını, toz şekeri ve esmer şekeri hafif ve kabarık olana kadar krema haline getirin. Yumurta ve vanilya özütünü ekleyin ve iyice birleşene kadar karıştırın.

ç) Kuru malzemeleri yavaş yavaş tereyağı karışımına ekleyin ve birleşene kadar karıştırın. Limon kabuğu rendesini, limon suyunu ve kıyılmış jalapeno biberini karıştırın.

d) Hazırlanan fırın tepsisine yuvarlak yemek kaşığı dolusu hamur bırakın ve aralarında yaklaşık 2 inç boşluk bırakın. Her hamur topunu avucunuzun içinde hafifçe düzleştirin.

e) 10-12 dakika veya kenarları altın rengi kahverengi olana kadar pişirin. Çerezlerin tamamen soğumasını bekleyin.

f) Bir kaşık limonlu veya vanilyalı dondurma alın ve iki kurabiyenin arasına sıkıştırın.

g) Dondurmalı sandviçleri servis yapmadan önce sertleşmesi için en az 1 saat dondurucuya koyun.

62.Baharatlı Karamelli Dondurma Sandviçleri

İÇİNDEKİLER:

- 1 ½ su bardağı çok amaçlı un
- ½ çay kaşığı karbonat
- ¼ çay kaşığı tuz
- ½ bardak tuzsuz tereyağı, yumuşatılmış
- ½ su bardağı toz şeker
- ½ su bardağı paketlenmiş esmer şeker
- 1 büyük yumurta
- 1 çay kaşığı vanilya özü
- ½ çay kaşığı acı biber
- ½ su bardağı kıyılmış ceviz
- 1 litre karamelli veya vanilyalı dondurma

TALİMATLAR:

a) Fırınınızı önceden 375°F'ye (190°C) ısıtın ve fırın tepsisini parşömen kağıdıyla kaplayın.

b) Bir kapta un, kabartma tozu ve tuzu birlikte çırpın.

c) Ayrı bir karıştırma kabında yumuşatılmış tereyağını, toz şekeri ve esmer şekeri hafif ve kabarık olana kadar krema haline getirin. Yumurta ve vanilya özütünü ekleyin ve iyice birleşene kadar karıştırın.

ç) Kuru malzemeleri yavaş yavaş tereyağı karışımına ekleyin ve birleşene kadar karıştırın. Acı biberi ve doğranmış cevizleri karıştırın.

d) Hazırlanan fırın tepsisine yuvarlak yemek kaşığı dolusu hamur bırakın ve aralarında yaklaşık 2 inç boşluk bırakın. Her hamur topunu avucunuzun içinde hafifçe düzleştirin.

e) 10-12 dakika veya kenarları altın rengi kahverengi olana kadar pişirin. Çerezlerin tamamen soğumasını bekleyin.

f) Bir kepçe karamelli veya vanilyalı dondurma alın ve iki kurabiyenin arasına sıkıştırın.

g) Dondurmalı sandviçleri servis yapmadan önce sertleşmesi için en az 1 saat dondurucuya koyun.

63.Çikolatalı Chipotle Dondurmalı Sandviç

İÇİNDEKİLER:
12 adet çikolatalı kurabiye
2 bardak Meksika çikolatalı dondurma
1 çay kaşığı toz biber

TALİMATLAR:
6 adet çikolatalı kurabiye alın ve bunları bir fırın tepsisine baş aşağı yerleştirin.
Her kurabiyenin üzerine bir tutam öğütülmüş chipotle biberi serpin.
Her kurabiyenin üzerine Meksika çikolatalı dondurmayı koyun.
Her dondurma kepçesinin üzerine başka bir çikolata parçacıklı kurabiye yerleştirin ve bir sandviç oluşturmak için hafifçe bastırın.
Dondurma sandviçlerini servis yapmadan önce en az 2 saat dondurun.

64. Baharatlı Tarçınlı Cayenne Dondurmalı Sandviç

İÇİNDEKİLER:
12 adet snickerdoodle kurabiyesi
2 su bardağı tarçınlı kırmızı biberli dondurma
Öğütülmüş tarçın
Öğütülmüş acı biber

TALİMATLAR:
6 adet snickerdoodle kurabiyesi alın ve bunları bir fırın tepsisine baş aşağı yerleştirin.

Her kurabiyenin üzerine bir tutam toz tarçın ve acı biber serpin.

Her kurabiyenin üzerine tarçınlı kırmızı biberli dondurmayı kaşıkla dökün.

Her dondurma kepçesinin üzerine başka bir snickerdoodle kurabiyesi yerleştirin ve bir sandviç oluşturmak için hafifçe bastırın.

Dondurma sandviçlerini servis yapmadan önce en az 2 saat dondurun.

65.Baharatlı Çikolatalı Biberli Dondurma Sandviç

İÇİNDEKİLER:
12 çikolatalı kurabiye
2 su bardağı çikolatalı biberli dondurma
1 çay kaşığı biber tozu

TALİMATLAR:
6 çikolatalı kurabiye alın ve bunları bir fırın tepsisine baş aşağı yerleştirin.
Her kurabiyenin üzerine bir tutam pul biber serpin.
Her kurabiyenin üzerine çikolatalı biberli dondurmayı kaşıkla koyun.
Her dondurma kepçesinin üzerine başka bir çikolatalı kurabiye yerleştirin ve bir sandviç oluşturmak için hafifçe bastırın.
Dondurma sandviçlerini servis yapmadan önce en az 2 saat dondurun.

66.Fıstık Ezmeli Sriracha Dondurmalı Sandviç

İÇİNDEKİLER:
12 adet fıstık ezmeli kurabiye
2 bardak sriracha fıstık ezmeli dondurma
1 çorba kaşığı sriracha sosu (isteğe bağlı)

TALİMATLAR:
6 adet fıstık ezmeli kurabiye alın ve bunları bir fırın tepsisine baş aşağı yerleştirin.
ince bir tabaka sriracha sosu (istenirse) sürün.
sriracha fıstık ezmeli dondurmayı kaşıkla koyun .
Her dondurma kepçesinin üzerine başka bir fıstık ezmeli kurabiye yerleştirin ve bir sandviç oluşturmak için hafifçe bastırın.
Dondurma sandviçlerini servis yapmadan önce en az 2 saat dondurun.

67. Baharatlı Hindistan Cevizli Körili Dondurmalı Sandviç

İÇİNDEKİLER:
12 adet hindistan cevizli kurabiye
2 bardak hindistan cevizi körili dondurma
1 çay kaşığı köri tozu

TALİMATLAR:
6 adet hindistan cevizli kurabiye alın ve bunları bir fırın tepsisine baş aşağı yerleştirin.
Her kurabiyenin üzerine bir tutam köri tozu serpin.
Her kurabiyenin üzerine Hindistan cevizi körili dondurmayı kaşıkla koyun.
Her bir dondurma kepçesinin üzerine başka bir hindistancevizi kurabiyesi yerleştirin ve bir sandviç oluşturmak için hafifçe bastırın.
Dondurma sandviçlerini servis yapmadan önce en az 2 saat dondurun.

68. Baharatlı Zencefilli Zerdeçallı Dondurmalı Sandviç

İÇİNDEKİLER:
12 zencefilli kurabiye
2 bardak zerdeçallı zencefilli dondurma
1 çay kaşığı öğütülmüş zerdeçal

TALİMATLAR:
6 zencefilli kurabiye alın ve bunları bir fırın tepsisine baş aşağı yerleştirin.
Her kurabiyenin üzerine bir tutam öğütülmüş zerdeçal serpin.
Her kurabiyenin üzerine zerdeçallı zencefilli dondurmayı kaşıkla koyun.
Her dondurma kepçesinin üzerine başka bir zencefilli kurabiye yerleştirin ve bir sandviç oluşturmak için hafifçe bastırın.
Dondurma sandviçlerini servis yapmadan önce en az 2 saat dondurun.

69.Baharatlı Ananaslı Jalapeno Dondurmalı Sandviç

İÇİNDEKİLER:
12 adet vanilyalı kurabiye
2 su bardağı ananaslı jalapeno dondurma
Taze ananas parçaları
Dilimlenmiş jalapeno (daha hafif baharat için tohumları çıkarın)

TALİMATLAR:
6 vanilyalı kurabiye alın ve bunları bir fırın tepsisine baş aşağı yerleştirin.
Her kurabiyenin üzerine ananaslı jalapeno dondurmayı kaşıkla koyun.
Dondurmanın üzerine taze ananas parçalarını ve dilimlenmiş jalapeno ekleyin.
Her dondurma kepçesinin üzerine başka bir vanilyalı kurabiye koyun ve bir sandviç oluşturmak için hafifçe bastırın.
Dondurma sandviçlerini servis yapmadan önce en az 2 saat dondurun.

70.Baharatlı Ahududu Parçalı Dondurmalı Sandviç

İÇİNDEKİLER:
12 çikolatalı kurabiye
2 su bardağı frambuazlı dondurma
Taze ahududu
1/2 çay kaşığı ezilmiş kırmızı biber gevreği

TALİMATLAR:
6 çikolatalı kurabiye alın ve bunları bir fırın tepsisine baş aşağı yerleştirin.
Her kurabiyenin üzerine bir tutam ezilmiş kırmızı pul biber serpin.
Her kurabiyenin üzerine ahududu parçacıklı dondurmayı kaşıkla koyun.
Dondurmanın üzerine taze ahududuları ekleyin.
Her dondurma kepçesinin üzerine başka bir çikolatalı kurabiye yerleştirin ve bir sandviç oluşturmak için hafifçe bastırın.
Dondurma sandviçlerini servis yapmadan önce en az 2 saat dondurun.

71.Baharatlı Kiraz Çikolatalı Dondurma Sandviç

İÇİNDEKİLER:
12 adet vişneli çikolatalı kurabiye
2 su bardağı baharatlı vişneli dondurma
Taze kiraz, çekirdekleri çıkarılmış ve yarıya bölünmüş

TALİMATLAR:
6 adet vişneli çikolatalı kurabiye alın ve bunları bir fırın tepsisine baş aşağı yerleştirin.
Her kurabiyenin üzerine baharatlı vişneli dondurmayı koyun.
Dondurmanın üzerine taze kiraz yarımlarını ekleyin.
Her dondurma kepçesinin üzerine başka bir vişneli çikolatalı kurabiye yerleştirin ve bir sandviç oluşturmak için hafifçe bastırın.
Dondurma sandviçlerini servis yapmadan önce en az 2 saat dondurun.

ÇAY BAZLI EŞLEŞMELER

72. Chai Fındıklı Dondurmalı sandviç

İÇİNDEKİLER:
- 2 bardak soya veya kenevir sütü (tam yağlı)
- ¾ bardak buharlaştırılmış şeker kamışı
- ¼ çay kaşığı öğütülmüş tarçın
- ¼ çay kaşığı öğütülmüş zencefil
- 1 çay kaşığı vanilya özü
- 1½ bardak çiğ kaju fıstığı
- 4 chai çay poşeti
- 1/16 çay kaşığı guar sakızı

TALİMATLAR:

a) Büyük bir tencerede süt ve şekeri birleştirin. Orta ateşte, karışımı sık sık karıştırarak kaynatın.

b) Kaynamaya başlayınca ateşi orta-düşük seviyeye indirin ve şeker eriyene kadar yaklaşık 5 dakika sürekli çırpın.

c) Ateşten alın, tarçın, zencefil ve vanilyayı ekleyin ve birleştirmek için çırpın.

ç) Kaju fıstıklarını ve chai çay poşetlerini ısıya dayanıklı bir kabın dibine yerleştirin ve üzerine sıcak süt karışımını dökün. Tamamen soğumaya bırakın. Soğuduktan sonra çay poşetlerini sıkın ve atın.

d) Karışımı bir mutfak robotuna veya yüksek hızlı bir karıştırıcıya aktarın ve pürüzsüz hale gelinceye kadar işleyin, gerektiğinde kenarlarını kazımak için durun.

e) İşleminizin sonuna doğru guar sakızını serpin ve iyice karıştığından emin olun.

f) Karışımı 1½ veya 2 litrelik dondurma makinesinin kasesine dökün ve üreticinin talimatlarına göre işlem yapın. Sandviçleri birleştirmeden önce en az 2 saat boyunca dondurucuda hava geçirmez bir kapta saklayın.

Sandviç Yapmak İçin

g) Dondurmanın hafifçe yumuşamasını sağlayın, böylece kepçelenmesi kolay olur . Kurabiyelerin yarısını altları yukarı gelecek şekilde temiz bir yüzeye yerleştirin. Her kurabiyenin üstüne bir kepçe dondurma (yaklaşık ⅓ bardak) koyun.

ğ) Kurabiye altları dondurmaya temas edecek şekilde dondurmanın üzerine kalan kurabiyeleri ekleyin. Çerezleri düzleştirmek için yavaşça aşağı doğru bastırın.

h) Her sandviçi plastik ambalaja veya mumlu kağıda sarın ve yemeden önce en az 30 dakika dondurucuya koyun.

73.Earl Grey Lavanta Dondurmalı Sandviçler

İÇİNDEKİLER:

- 1 ½ su bardağı çok amaçlı un
- ½ çay kaşığı karbonat
- ¼ çay kaşığı tuz
- ½ bardak tuzsuz tereyağı, yumuşatılmış
- ½ su bardağı toz şeker
- ½ su bardağı paketlenmiş esmer şeker
- 1 büyük yumurta
- 1 çay kaşığı vanilya özü
- 2 yemek kaşığı Earl Grey çay yaprakları
- 1 yemek kaşığı kurutulmuş lavanta çiçeği
- 1 litre Earl Grey veya vanilyalı dondurma

TALİMATLAR:

a) Fırınınızı önceden 375°F'ye (190°C) ısıtın ve fırın tepsisini parşömen kağıdıyla kaplayın.

b) Bir kapta un, kabartma tozu ve tuzu birlikte çırpın.

c) Ayrı bir karıştırma kabında yumuşatılmış tereyağını, toz şekeri ve esmer şekeri hafif ve kabarık olana kadar krema haline getirin. Yumurta ve vanilya özütünü ekleyin ve iyice birleşene kadar karıştırın.

ç) Earl Grey çay yapraklarını ve kurutulmuş lavanta çiçeklerini bir baharat öğütücü veya havan ve havan tokmağı kullanarak ince bir toz haline getirin. Çay ve lavanta tozunu tereyağ karışımına ekleyin ve eşit şekilde dağılana kadar karıştırın.

d) Kuru malzemeleri yavaş yavaş tereyağı karışımına ekleyin ve birleşene kadar karıştırın.

e) Hazırlanan fırın tepsisine yuvarlak yemek kaşığı dolusu hamur bırakın ve aralarında yaklaşık 2 inç boşluk bırakın. Her hamur topunu avucunuzun içinde hafifçe düzleştirin.

f) 10-12 dakika veya kenarları altın rengi kahverengi olana kadar pişirin. Çerezlerin tamamen soğumasını bekleyin.

g) Bir kepçe Earl Grey veya vanilyalı dondurma alın ve iki kurabiyenin arasına sıkıştırın.

ğ) Dondurmalı sandviçleri servis yapmadan önce sertleşmesi için en az 1 saat dondurucuya koyun.

74. Matcha Yeşil Çaylı Dondurmalı Sandviçler

İÇİNDEKİLER:

- 1 ½ su bardağı çok amaçlı un
- 2 yemek kaşığı matcha yeşil çay tozu
- ½ çay kaşığı karbonat
- ¼ çay kaşığı tuz
- ½ bardak tuzsuz tereyağı, yumuşatılmış
- ½ su bardağı toz şeker
- ½ su bardağı paketlenmiş esmer şeker
- 1 büyük yumurta
- 1 çay kaşığı vanilya özü
- 1 litre matcha yeşil çay veya vanilyalı dondurma

TALİMATLAR:

a) Fırınınızı önceden 375°F'ye (190°C) ısıtın ve fırın tepsisini parşömen kağıdıyla kaplayın.

b) Bir kapta un, matcha yeşil çay tozu, kabartma tozu ve tuzu birlikte çırpın.

c) Ayrı bir karıştırma kabında yumuşatılmış tereyağını, toz şekeri ve esmer şekeri hafif ve kabarık olana kadar krema haline getirin. Yumurta ve vanilya özütünü ekleyin ve iyice birleşene kadar karıştırın.

ç) Kuru malzemeleri yavaş yavaş tereyağı karışımına ekleyin ve birleşene kadar karıştırın.

d) Hazırlanan fırın tepsisine yuvarlak yemek kaşığı dolusu hamur bırakın ve aralarında yaklaşık 2 inç boşluk bırakın. Her hamur topunu avucunuzun içinde hafifçe düzleştirin.

e) 10-12 dakika veya kenarları sertleşene kadar pişirin. Çerezlerin tamamen soğumasını bekleyin.

f) Matcha yeşil çayı veya vanilyalı dondurmadan bir kepçe alın ve iki kurabiyenin arasına sıkıştırın.

g) Dondurmalı sandviçleri servis yapmadan önce sertleşmesi için en az 1 saat dondurucuya koyun.

75. Chai Baharatlı Dondurma Sandviçleri

İÇİNDEKİLER:

- 1 ½ su bardağı çok amaçlı un
- ½ çay kaşığı karbonat
- ¼ çay kaşığı tuz
- 1 yemek kaşığı chai çayı yaprakları
- 1 çay kaşığı öğütülmüş tarçın
- ½ çay kaşığı öğütülmüş zencefil
- ¼ çay kaşığı öğütülmüş kakule
- ¼ çay kaşığı öğütülmüş karanfil
- ½ bardak tuzsuz tereyağı, yumuşatılmış
- ½ su bardağı toz şeker
- ½ su bardağı paketlenmiş esmer şeker
- 1 büyük yumurta
- 1 çay kaşığı vanilya özü
- 1 litre chai baharatı veya vanilyalı dondurma

TALİMATLAR:

a) Fırınınızı önceden 375°F'ye (190°C) ısıtın ve fırın tepsisini parşömen kağıdıyla kaplayın.

b) Bir kapta un, kabartma tozu, tuz, chai çayı yaprakları, öğütülmüş tarçın, öğütülmüş zencefil, öğütülmüş kakule ve öğütülmüş karanfilleri birlikte çırpın.

c) Ayrı bir karıştırma kabında yumuşatılmış tereyağını, toz şekeri ve esmer şekeri hafif ve kabarık olana kadar krema haline getirin. Yumurta ve vanilya özütünü ekleyin ve iyice birleşene kadar karıştırın.

ç) Kuru malzemeleri yavaş yavaş tereyağı karışımına ekleyin ve birleşene kadar karıştırın.

d) Hazırlanan fırın tepsisine yuvarlak yemek kaşığı dolusu hamur bırakın ve aralarında yaklaşık 2 inç boşluk bırakın. Her hamur topunu avucunuzun içinde hafifçe düzleştirin.

e) 10-12 dakika veya kenarları sertleşene kadar pişirin. Çerezlerin tamamen soğumasını bekleyin.

f) Bir kepçe chai baharatı veya vanilyalı dondurma alın ve iki kurabiyenin arasına sıkıştırın.

g) Dondurmalı sandviçleri servis yapmadan önce sertleşmesi için en az 1 saat dondurucuya koyun.

76.Limonlu Zencefil Dondurmalı Sandviçler

İÇİNDEKİLER:

- 1 ½ su bardağı çok amaçlı un
- ½ çay kaşığı karbonat
- ¼ çay kaşığı tuz
- 1 limon kabuğu rendesi ve
- 1 yemek kaşığı rendelenmiş taze zencefil
- ½ bardak tuzsuz tereyağı, yumuşatılmış
- ½ su bardağı toz şeker
- ½ su bardağı paketlenmiş esmer şeker
- 1 büyük yumurta
- 1 çay kaşığı vanilya özü
- 1 litre limonlu veya zencefilli dondurma

TALİMATLAR:

a) Fırınınızı önceden 375°F'ye (190°C) ısıtın ve fırın tepsisini parşömen kağıdıyla kaplayın.

b) Bir kapta un, kabartma tozu, tuz, limon kabuğu rendesi ve rendelenmiş taze zencefili birlikte çırpın.

c) Ayrı bir karıştırma kabında yumuşatılmış tereyağını, toz şekeri ve esmer şekeri hafif ve kabarık olana kadar krema haline getirin. Yumurta ve vanilya özütünü ekleyin ve iyice birleşene kadar karıştırın.

ç) Kuru malzemeleri yavaş yavaş tereyağı karışımına ekleyin ve birleşene kadar karıştırın.

d) Hazırlanan fırın tepsisine yuvarlak yemek kaşığı dolusu hamur bırakın ve aralarında yaklaşık 2 inç boşluk bırakın. Her hamur topunu avucunuzun içinde hafifçe düzleştirin.

e) 10-12 dakika veya kenarları sertleşene kadar pişirin. Çerezlerin tamamen soğumasını bekleyin.

f) Bir kaşık limonlu veya zencefilli dondurma alın ve iki kurabiyenin arasına sıkıştırın.

g) Dondurmalı sandviçleri servis yapmadan önce sertleşmesi için en az 1 saat dondurucuya koyun.

77. Yasemin Yeşil Çaylı Dondurmalı Sandviçler

İÇİNDEKİLER:

- 1 ½ su bardağı çok amaçlı un
- ½ çay kaşığı karbonat
- ¼ çay kaşığı tuz
- 2 yemek kaşığı yaseminli yeşil çay yaprağı
- ½ bardak tuzsuz tereyağı, yumuşatılmış
- ½ su bardağı toz şeker
- ½ su bardağı paketlenmiş esmer şeker
- 1 büyük yumurta
- 1 çay kaşığı vanilya özü
- 1 litre yaseminli yeşil çay veya vanilyalı dondurma

TALİMATLAR:

a) Fırınınızı önceden 375°F'ye (190°C) ısıtın ve fırın tepsisini parşömen kağıdıyla kaplayın.

b) Bir kapta un, kabartma tozu, tuz ve yasemin yeşil çay yapraklarını birlikte çırpın.

c) Ayrı bir karıştırma kabında yumuşatılmış tereyağını, toz şekeri ve esmer şekeri hafif ve kabarık olana kadar krema haline getirin. Yumurta ve vanilya özütünü ekleyin ve iyice birleşene kadar karıştırın.

ç) Kuru malzemeleri yavaş yavaş tereyağı karışımına ekleyin ve birleşene kadar karıştırın.

d) Hazırlanan fırın tepsisine yuvarlak yemek kaşığı dolusu hamur bırakın ve aralarında yaklaşık 2 inç boşluk bırakın. Her hamur topunu avucunuzun içinde hafifçe düzleştirin.

e) 10-12 dakika veya kenarları sertleşene kadar pişirin. Çerezlerin tamamen soğumasını bekleyin.

f) Bir kepçe yaseminli yeşil çay veya vanilyalı dondurma alın ve iki kurabiyenin arasına sıkıştırın.

g) Dondurmalı sandviçleri servis yapmadan önce sertleşmesi için en az 1 saat dondurucuya koyun.

KAHVE BAZLI EŞLEŞMELER

78.Kahve Zing Sandviçleri

İÇİNDEKİLER:

- 2 su bardağı ağartılmamış çok amaçlı un
- 1 çay kaşığı karbonat
- ¼ çay kaşığı tuz
- 1 su bardağı süt içermeyen margarin, oda sıcaklığında
- ½ su bardağı paketlenmiş esmer şeker
- ½ su bardağı buharlaştırılmış şeker kamışı
- 2 çay kaşığı hazır kahve
- 2 yemek kaşığı ılık süt içermeyen süt
- 1½ çay kaşığı vanilya özü

TALİMATLAR:

a) Fırını önceden 350°F'ye ısıtın. İki fırın tepsisini parşömen kağıdıyla hizalayın.

b) Küçük bir kapta un, kabartma tozu ve tuzu birleştirin. Büyük bir kapta margarini, esmer şekeri ve şeker kamışını krema haline getirin.

c) Hazır kahveyi ılık sütte eritin ve vanilyayla birlikte margarin karışımına ekleyin. Kuru malzemeleri pürüzsüz olana kadar gruplar halinde ıslak karışıma ekleyin.

ç) Bir kurabiye damlalığı veya çorba kaşığı kullanarak, hazırlanan fırın tepsilerine yaklaşık 2 inç aralıklarla yığın yemek kaşığı hamur bırakın.

d) 8 ila 10 dakika veya kenarları hafif altın rengi olana kadar pişirin. Fırından çıkarın ve tavada 5 dakika soğumaya bırakın, ardından tel ızgara üzerinde soğumaya bırakın. Çerezleri tamamen soğumaya bırakın.

e) Hava geçirmez bir kapta saklayın.

79.Mocha Bademli Dondurma Sandviçleri

İÇİNDEKİLER:

- 1 ½ su bardağı çok amaçlı un
- ¼ fincan şekersiz kakao tozu
- ½ çay kaşığı karbonat
- ¼ çay kaşığı tuz
- ½ bardak tuzsuz tereyağı, yumuşatılmış
- ½ su bardağı toz şeker
- ½ su bardağı paketlenmiş esmer şeker
- 1 büyük yumurta
- 1 çay kaşığı vanilya özü
- 1 yemek kaşığı hazır kahve granülü
- ½ su bardağı kıyılmış badem
- 1 litre mocha veya çikolatalı dondurma

TALİMATLAR:

a) Fırınınızı önceden 375°F'ye (190°C) ısıtın ve fırın tepsisini parşömen kağıdıyla kaplayın.

b) Bir kapta un, kakao tozu, kabartma tozu ve tuzu birlikte çırpın.

c) Ayrı bir karıştırma kabında yumuşatılmış tereyağını, toz şekeri ve esmer şekeri hafif ve kabarık olana kadar krema haline getirin. Yumurta ve vanilya özütünü ekleyin ve iyice birleşene kadar karıştırın.

ç) Hazır kahve granüllerini 1 yemek kaşığı sıcak suda eritin. Kahve karışımını tereyağı karışımına ekleyin ve eşit şekilde karışana kadar karıştırın.

d) Kuru malzemeleri yavaş yavaş tereyağı karışımına ekleyin ve birleşene kadar karıştırın. Kıyılmış bademleri karıştırın.

e) Hazırlanan fırın tepsisine yuvarlak yemek kaşığı dolusu hamur bırakın ve aralarında yaklaşık 2 inç boşluk bırakın. Her hamur topunu avucunuzun içinde hafifçe düzleştirin.

f) 10-12 dakika veya kenarları sertleşene kadar pişirin. Çerezlerin tamamen soğumasını bekleyin.

g) Bir kepçe mocha veya çikolatalı dondurma alın ve iki kurabiyenin arasına sıkıştırın.

ğ) Dondurmalı sandviçleri servis yapmadan önce sertleşmesi için en az 1 saat dondurucuya koyun.

80.Karamelli Macchiato Dondurmalı Sandviçler

İÇİNDEKİLER:

- 1 ½ su bardağı çok amaçlı un
- ½ çay kaşığı karbonat
- ¼ çay kaşığı tuz
- ½ bardak tuzsuz tereyağı, yumuşatılmış
- ½ su bardağı toz şeker
- ½ su bardağı paketlenmiş esmer şeker
- 1 büyük yumurta
- 1 çay kaşığı vanilya özü
- 2 yemek kaşığı hazır kahve granülü
- ½ su bardağı karamel sosu
- 1 litre kahve veya karamelli dondurma

TALİMATLAR:

a) Fırınınızı önceden 375°F'ye (190°C) ısıtın ve fırın tepsisini parşömen kağıdıyla kaplayın.
b) Bir kapta un, kabartma tozu ve tuzu birlikte çırpın.
c) Ayrı bir karıştırma kabında yumuşatılmış tereyağını, toz şekeri ve esmer şekeri hafif ve kabarık olana kadar krema haline getirin. Yumurta ve vanilya özütünü ekleyin ve iyice birleşene kadar karıştırın.
ç) Hazır kahve granüllerini 2 yemek kaşığı sıcak suda eritin. Kahve karışımını tereyağı karışımına ekleyin ve eşit şekilde karışana kadar karıştırın.
d) Kuru malzemeleri yavaş yavaş tereyağı karışımına ekleyin ve birleşene kadar karıştırın.
e) Hazırlanan fırın tepsisine yuvarlak yemek kaşığı dolusu hamur bırakın ve aralarında yaklaşık 2 inç boşluk bırakın. Her hamur topunu avucunuzun içinde hafifçe düzleştirin.
f) 10-12 dakika veya kenarları sertleşene kadar pişirin. Çerezlerin tamamen soğumasını bekleyin.
g) Üzerine bir kepçe kahve veya karamelli dondurma alın ve karamel sosunu gezdirin. İki kurabiye arasına sıkıştırın.
ğ) Dondurmalı sandviçleri servis yapmadan önce sertleşmesi için en az 1 saat dondurucuya koyun.

81.Fındıklı Affogato Dondurmalı Sandviçler

İÇİNDEKİLER:
- 1 ½ su bardağı çok amaçlı un
- ½ çay kaşığı karbonat
- ¼ çay kaşığı tuz
- ½ bardak tuzsuz tereyağı, yumuşatılmış
- ½ su bardağı toz şeker
- ½ su bardağı paketlenmiş esmer şeker
- 1 büyük yumurta
- 1 çay kaşığı vanilya özü
- ½ su bardağı kıyılmış fındık
- 1 litre fındık veya vanilyalı dondurma
- 1 fincan sıcak demlenmiş espresso veya koyu kahve

TALİMATLAR:
a) Fırınınızı önceden 375°F'ye (190°C) ısıtın ve fırın tepsisini parşömen kağıdıyla kaplayın.
b) Bir kapta un, kabartma tozu ve tuzu birlikte çırpın.
c) Ayrı bir karıştırma kabında yumuşatılmış tereyağını, toz şekeri ve esmer şekeri hafif ve kabarık olana kadar krema haline getirin. Yumurta ve vanilya özütünü ekleyin ve iyice birleşene kadar karıştırın.
ç) Kuru malzemeleri yavaş yavaş tereyağı karışımına ekleyin ve birleşene kadar karıştırın. Kıyılmış fındıkları karıştırın.
d) Hazırlanan fırın tepsisine yuvarlak yemek kaşığı dolusu hamur bırakın ve aralarında yaklaşık 2 inç boşluk bırakın. Her hamur topunu avucunuzun içinde hafifçe düzleştirin.
e) 10-12 dakika veya kenarları sertleşene kadar pişirin. Çerezlerin tamamen soğumasını bekleyin.
f) Bir kepçe fındık veya vanilyalı dondurma alın ve iki kurabiyenin arasına sıkıştırın.
g) Affogato etkisi yaratmak için servis yapmadan hemen önce dondurmalı sandviçin üzerine sıcak demlenmiş espresso veya koyu kahve dökün.
ğ) Dondurmalı sandviçleri servis yapmadan önce sertleşmesi için en az 1 saat dondurucuya koyun.

82. Espresso Brownie ve Kahveli Dondurmalı Sandviç

İÇİNDEKİLER:
- 12 kare espresso brownie
- 2 fincan kahveli dondurma

TALİMATLAR:

a) 6 kare espresso brownie alın ve bunları bir fırın tepsisine baş aşağı yerleştirin.
b) Her brownie karesine bir kaşık kahveli dondurma koyun.
c) Her dondurma kepçesinin üzerine başka bir espresso brownie karesi yerleştirin ve bir sandviç oluşturmak için hafifçe bastırın.
ç) Dondurma sandviçlerini servis yapmadan önce en az 2 saat dondurun.

83. Kahveli Kek ve Mocha Badem Şekerlemeli Dondurmalı Sandviç

İÇİNDEKİLER:
- 12 adet kahveli kek dilimi
- 2 bardak mocha bademli şekerleme dondurma

TALİMATLAR:
a) 6 adet kahveli kek dilimi alın ve bunları bir fırın tepsisine baş aşağı yerleştirin.
b) mocha bademli şekerleme dondurması koyun .
c) Her dondurma kepçesinin üzerine başka bir kahveli kek dilimi yerleştirin ve bir sandviç oluşturmak için hafifçe bastırın.
ç) Dondurma sandviçlerini servis yapmadan önce en az 2 saat dondurun.

KEK TABANLI EŞLEŞMELER

84.Kek Hamuru Soya Dondurmalı sandviç

İÇİNDEKİLER:

- ¾ su bardağı buharlaştırılmış şeker kamışı
- 2 çay kaşığı ararot nişastası
- 2-½ bardak soya veya kenevir sütü (tam yağlı)
- 1¼ çay kaşığı tereyağı özü (ister inanın ister inanmayın , vegandır!)
- 1 çay kaşığı vanilya özü
- ¼ çay kaşığı akçaağaç özü

TALİMATLAR:

a) Büyük bir tencerede şekeri ve ararot nişastasını birleştirin ve nişasta şekerin içine karışıncaya kadar çırpın.

b) Eklemek için çırparak sütü dökün. Orta ateşte, karışımı sık sık karıştırarak kaynatın.

c) Kaynamaya başladıktan sonra ısıyı orta-düşük seviyeye indirin ve karışım koyulaşıp kaşığın arkasını kaplayana kadar yaklaşık 5 dakika sürekli çırpın. Ateşten alın, tereyağını, vanilyayı ve akçaağaç özlerini ekleyin ve birleştirmek için çırpın.

ç) Karışımı ısıya dayanıklı bir kaba aktarın ve tamamen soğumasını bekleyin.

d) Karışımı 1½ veya 2 litrelik dondurma makinesinin kasesine dökün ve üreticinin talimatlarına göre işlem yapın.

e) Sandviçleri birleştirmeden önce en az bir saat boyunca dondurucuda hava geçirmez bir kapta saklayın.

SANDVİÇ YAPMAK İÇİN

f) Kalan serpintileri küçük bir tabağa yayın. Dondurmanın hafifçe yumuşamasını sağlayın, böylece kepçelenmesi kolay olur . Kurabiyelerin yarısını altları yukarı gelecek şekilde temiz bir yüzeye yerleştirin. Her kurabiyenin üstüne bir kepçe dondurma (yaklaşık ⅓ bardak) koyun.

g) Kurabiye altları dondurmaya temas edecek şekilde dondurmanın üzerine kalan kurabiyeleri ekleyin. Çerezleri düzleştirmek için yavaşça aşağı doğru bastırın.

ğ) Dondurmalı sandviçlerin kenarlarını serpiştirerek yuvarlayın ve dondurmanın kenarlarını kaplayın. Her sandviçi plastik ambalaja veya mumlu kağıda sarın ve yemeden önce en az 30 dakika dondurucuya koyun.

85.Kırmızı Kadife Cheesecake Dondurmalı Sandviçler

İÇİNDEKİLER:

- 1 kutu kırmızı kadife kek karışımı
- ½ bardak tuzsuz tereyağı, eritilmiş
- 2 büyük yumurta
- 1 litre krem peynirli dondurma

TALİMATLAR:

a) Fırınınızı önceden 350°F (175°C)'ye ısıtın ve fırın tepsisini parşömen kağıdıyla kaplayın.

b) Bir karıştırma kabında kırmızı kadife kek karışımını, eritilmiş tereyağını ve yumurtaları iyice birleşene kadar birleştirin.

c) Hamuru hazırlanan pişirme kabına eşit şekilde yayın ve 15-20 dakika veya ortasına batırdığınız kürdan temiz çıkana kadar pişirin. Pastayı tamamen soğumaya bırakın.

ç) Dondurmalı sandviçlerinizin istenilen boyutuna göre pastayı kare veya dikdörtgen şeklinde kesin.

d) Bir kepçe krem peynirli dondurma alın ve iki kek parçasının arasına sıkıştırın.

e) Dondurmalı sandviçleri servis yapmadan önce sertleşmesi için en az 1 saat dondurucuya koyun.

86.Çikolatalı Fıstık Ezmeli Bardak Dondurma Sandviçleri

İÇİNDEKİLER:

- 1 kutu çikolatalı kek karışımı
- ½ bardak tuzsuz tereyağı, eritilmiş
- 2 büyük yumurta
- 1 litre fıstık ezmeli bardak dondurma

TALİMATLAR:

a) Fırınınızı önceden 350°F (175°C)'ye ısıtın ve fırın tepsisini parşömen kağıdıyla kaplayın.

b) Bir karıştırma kabında çikolatalı kek karışımını, eritilmiş tereyağını ve yumurtaları iyice birleşene kadar birleştirin.

c) Hamuru hazırlanan pişirme kabına eşit şekilde yayın ve 15-20 dakika veya ortasına batırdığınız kürdan temiz çıkana kadar pişirin. Pastayı tamamen soğumaya bırakın.

ç) Dondurmalı sandviçlerinizin istenilen boyutuna göre pastayı kare veya dikdörtgen şeklinde kesin.

d) Fıstık ezmeli dondurmadan bir kepçe alın ve iki kek parçasının arasına sıkıştırın.

e) Dondurmalı sandviçleri servis yapmadan önce sertleşmesi için en az 1 saat dondurucuya koyun.

87.Limonlu Ahududu Sade Kek Dondurma Sandviçler

İÇİNDEKİLER:

- 1 mağazadan satın alınan veya ev yapımı kek
- 1 litre limon şerbeti veya ahududu şerbeti
- Taze ahududu (isteğe bağlı)

TALİMATLAR:

a) Pound keki ince dilimler halinde dilimleyin.

b) Bir kepçe limon şerbeti veya ahududu şerbeti alın ve bir dilim kekin üzerine yayın.

c) Bir sandviç oluşturmak için üzerine başka bir dilim kek ekleyin.

ç) İsteğe bağlı: Sandviçin kenarlarını taze ahududularla süsleyin.

d) İlave dondurmalı sandviçler yapmak için işlemi tekrarlayın.

e) Dondurmalı sandviçleri servis yapmadan önce sertleşmesi için en az 1 saat dondurucuya koyun.

88.Havuçlu Kek Krem Peynirli Dondurma Sandviçler

İÇİNDEKİLER:

- 1 mağazadan satın alınan veya ev yapımı havuçlu kek
- 1 litre krem peynirli dondurma
- Kıyılmış ceviz (isteğe bağlı)

TALİMATLAR:

a) Havuçlu keki ince dilimler halinde dilimleyin.

b) Bir kepçe krem peynirli dondurma alın ve bir dilim havuçlu kekin üzerine yayın.

c) Bir sandviç oluşturmak için üzerine başka bir dilim havuçlu kek ekleyin.

ç) İsteğe bağlı: Daha fazla çıtırlık için sandviçin kenarlarını kıyılmış cevizde yuvarlayın.

d) İlave dondurmalı sandviçler yapmak için işlemi tekrarlayın.

e) Dondurmalı sandviçleri servis yapmadan önce sertleşmesi için en az 1 saat dondurucuya koyun.

89. Muzlu Dondurmalı Sandviçler

İÇİNDEKİLER:

- 1 kutu sarı kek karışımı
- ½ bardak tuzsuz tereyağı, eritilmiş
- 2 büyük yumurta
- 1 pint muzlu dondurma
- Çikolata sosu
- Kıyılmış çilek
- Kıyılmış ananas
- Kıyılmış fındık (isteğe bağlı)
- Krem şanti

TALİMATLAR:

a) Fırınınızı önceden 350°F (175°C)'ye ısıtın ve fırın tepsisini parşömen kağıdıyla kaplayın.

b) Bir karıştırma kabında sarı kek karışımını, eritilmiş tereyağını ve yumurtaları iyice birleşene kadar birleştirin.

c) Hamuru hazırlanan pişirme kabına eşit şekilde yayın ve 15-20 dakika veya ortasına batırdığınız kürdan temiz çıkana kadar pişirin. Pastayı tamamen soğumaya bırakın.

ç) Dondurmalı sandviçlerinizin istenilen boyutuna göre pastayı kare veya dikdörtgen şeklinde kesin.

d) Bir kepçe muzlu dondurma alın ve bir kek parçasının üzerine yayın.

e) Dondurmanın üzerine çikolata sosunu gezdirin, ardından doğranmış çilekleri, ananasları ve istenirse fındıkları ekleyin.

f) Bir sandviç oluşturmak için üstüne başka bir kek parçası ekleyin.

g) İlave dondurmalı sandviçler yapmak için işlemi tekrarlayın.

ğ) Dondurmalı sandviçleri servis yapmadan önce sertleşmesi için en az 1 saat dondurucuya koyun.

h) Üzerine bir parça çırpılmış krema ve istenirse ilave malzemelerle servis yapın.

90. Çikolatalı Kek ve Kurabiye ve Kremalı Dondurmalı Sandviç

İÇİNDEKİLER:
- 12 adet çikolatalı kek dilimi
- 2 su bardağı kurabiye ve kremalı dondurma

TALİMATLAR:
a) 6 çikolatalı kek dilimi alın ve bunları bir fırın tepsisine baş aşağı yerleştirin.
b) Her kek diliminin üzerine bir kepçe kurabiye ve kremalı dondurma koyun.
c) Her dondurma kepçesinin üzerine başka bir çikolatalı kek dilimi yerleştirin ve bir sandviç oluşturmak için hafifçe bastırın.
ç) Dondurma sandviçlerini servis yapmadan önce en az 2 saat dondurun.

91. Vanilyalı Pandispanya ve Çilekli Cheesecake Dondurmalı Sandviç

İÇİNDEKİLER:
- 12 adet vanilyalı pandispanya dilimi
- 2 su bardağı çilekli cheesecake dondurma

TALİMATLAR:

a) 6 vanilyalı pandispanya dilimi alın ve bunları bir fırın tepsisine baş aşağı yerleştirin.

b) Her pasta diliminin üzerine bir kepçe çilekli cheesecake dondurması koyun.

c) Her dondurma kepçesinin üzerine başka bir vanilyalı pandispanya dilimi yerleştirin ve bir sandviç oluşturmak için hafifçe bastırın.

ç) Dondurma sandviçlerini servis yapmadan önce en az 2 saat dondurun.

92.Havuçlu Kek ve Tarçınlı Dondurma Sandviç

İÇİNDEKİLER:
- 12 havuçlu kek dilimi
- 2 su bardağı tarçınlı dondurma

TALİMATLAR:

a) 6 havuçlu kek dilimini alın ve bir fırın tepsisine baş aşağı yerleştirin.

b) Her kek diliminin üzerine bir kaşık tarçınlı dondurma koyun.

c) Her dondurma kepçesinin üzerine başka bir havuçlu kek dilimi yerleştirin ve bir sandviç oluşturmak için hafifçe bastırın.

ç) Dondurma sandviçlerini servis yapmadan önce en az 2 saat dondurun.

BROWNIE TABANLI EŞLEŞMELER

93.Tuzlu Karamelli Brownie Dondurmalı Sandviçler

İÇİNDEKİLER:

- 1 kutu brownie karışımı
- ½ bardak tuzsuz tereyağı, eritilmiş
- 2 büyük yumurta
- 1 litre tuzlu karamelli dondurma

TALİMATLAR:

a) Fırınınızı önceden 350°F (175°C)'ye ısıtın ve fırın tepsisini parşömen kağıdıyla kaplayın.

b) Bir karıştırma kabında brownie karışımını, eritilmiş tereyağını ve yumurtaları iyice birleşene kadar birleştirin.

c) Hamuru hazırlanan pişirme kabına eşit şekilde yayın ve 20-25 dakika veya ortasına batırdığınız kürdan birkaç nemli kırıntı ile çıkana kadar pişirin. Brownie'nin tamamen soğumasını bekleyin.

ç) Dondurmalı sandviçlerinizin istediğiniz boyutuna göre brownie'yi kare veya dikdörtgen şeklinde kesin.

d) Bir kepçe tuzlu karamelli dondurma alın ve iki brownie parçasının arasına sıkıştırın.

e) Dondurmalı sandviçleri servis yapmadan önce sertleşmesi için en az 1 saat dondurucuya koyun.

94.Kurabiye ve Kremalı Brownie Dondurmalı Sandviçler

İÇİNDEKİLER:

- 1 kutu brownie karışımı
- ½ bardak tuzsuz tereyağı, eritilmiş
- 2 büyük yumurta
- 1 litrelik kurabiye ve kremalı dondurma

TALİMATLAR:

a) Fırınınızı önceden 350°F (175°C)'ye ısıtın ve fırın tepsisini parşömen kağıdıyla kaplayın.

b) Bir karıştırma kabında brownie karışımını, eritilmiş tereyağını ve yumurtaları iyice birleşene kadar birleştirin.

c) Hamuru hazırlanan pişirme kabına eşit şekilde yayın ve 20-25 dakika veya ortasına batırdığınız kürdan birkaç nemli kırıntı ile çıkana kadar pişirin. Brownie'nin tamamen soğumasını bekleyin.

ç) Dondurmalı sandviçlerinizin istediğiniz boyutuna göre brownie'yi kare veya dikdörtgen şeklinde kesin.

d) Bir kepçe kurabiye ve kremalı dondurma alın ve iki brownie parçası arasına sıkıştırın.

e) Dondurmalı sandviçleri servis yapmadan önce sertleşmesi için en az 1 saat dondurucuya koyun.

95.Ahududu Fudge Brownie Dondurma Sandviçleri

İÇİNDEKİLER:
- 1 kutu brownie karışımı
- ½ bardak tuzsuz tereyağı, eritilmiş
- 2 büyük yumurta
- 1 litre ahududu şekerlemeli dondurma

TALİMATLAR:

a) Fırınınızı önceden 350°F (175°C)'ye ısıtın ve fırın tepsisini parşömen kağıdıyla kaplayın.

b) Bir karıştırma kabında brownie karışımını, eritilmiş tereyağını ve yumurtaları iyice birleşene kadar birleştirin.

c) Hamuru hazırlanan pişirme kabına eşit şekilde yayın ve 20-25 dakika veya ortasına batırdığınız kürdan birkaç nemli kırıntı ile çıkana kadar pişirin. Brownie'nin tamamen soğumasını bekleyin.

ç) Dondurmalı sandviçlerinizin istediğiniz boyutuna göre brownie'yi kare veya dikdörtgen şeklinde kesin.

d) Bir kepçe ahududu şekerlemeli dondurma alın ve iki brownie parçasının arasına sıkıştırın.

e) Dondurmalı sandviçleri servis yapmadan önce sertleşmesi için en az 1 saat dondurucuya koyun.

96.Naneli Brownie ve Chip Dondurmalı Sandviç

İÇİNDEKİLER:
- 12 adet naneli çikolatalı brownie karesi
- 2 su bardağı naneli çikolata parçacıklı dondurma

TALİMATLAR:
a) 6 adet naneli çikolatalı brownie karesini alın ve bir fırın tepsisine baş aşağı yerleştirin.
b) Her brownie karesinin üzerine bir kepçe naneli çikolata parçacıklı dondurma koyun.
c) Her dondurma kepçesinin üzerine başka bir nane çikolatalı brownie karesi yerleştirin ve bir sandviç oluşturmak için hafifçe bastırın.
ç) Dondurma sandviçlerini servis yapmadan önce en az 2 saat dondurun.

97. Fıstık Ezmeli Girdap Brownie Dondurmalı Sandviç

İÇİNDEKİLER:
- 12 adet fıstık ezmeli girdaplı brownie kareleri
- 2 su bardağı fıstık ezmeli dondurma
- 1/4 su bardağı kıyılmış fıstık (isteğe bağlı)

TALİMATLAR:
a) 6 adet fıstık ezmeli brownie karesini alın ve bunları bir fırın tepsisine baş aşağı yerleştirin.
b) Her brownie karesinin üzerine bir kaşık fıstık ezmeli dondurma koyun.
c) Dondurmanın üzerine kıyılmış fıstıkları (istenirse) serpin.
ç) Her dondurma kepçesinin üstüne başka bir fıstık ezmeli girdaplı brownie karesi yerleştirin ve bir sandviç oluşturmak için hafifçe bastırın.
d) Dondurma sandviçlerini servis yapmadan önce en az 2 saat dondurun.

98. Ahududu Fudge Brownie ve Girdaplı Dondurma Sandviç

İÇİNDEKİLER:
- 12 adet frambuazlı brownie karesi
- 2 bardak frambuazlı girdaplı dondurma
- Taze ahududu (isteğe bağlı)

TALİMATLAR:
a) 6 adet frambuazlı brownie karesi alın ve bunları bir fırın tepsisine baş aşağı yerleştirin.
b) Her brownie karesine bir kepçe ahududulu girdaplı dondurma koyun.
c) Dondurmanın üzerine taze ahududu ekleyin (istenirse).
ç) Her dondurma kepçesinin üzerine başka bir ahududu şekerlemeli brownie karesi yerleştirin ve bir sandviç oluşturmak için hafifçe bastırın.
d) Dondurma sandviçlerini servis yapmadan önce en az 2 saat dondurun.

99. S'mores Brownie ve Marshmallowlu Dondurmalı Sandviç

İÇİNDEKİLER:
- 12 adet s'mores brownie karesi
- 2 su bardağı marshmallowlu dondurma
- Ezilmiş graham krakerleri

TALİMATLAR:
a) 6 adet s'mores brownie karesi alın ve bunları bir fırın tepsisine baş aşağı yerleştirin.
b) Her brownie karesinin üzerine bir kepçe marshmallowlu dondurma koyun.
c) Dondurmanın üzerine ezilmiş graham krakerlerini serpin.
ç) Her dondurma kepçesinin üzerine başka bir s'mores brownie karesi yerleştirin ve bir sandviç oluşturmak için hafifçe bastırın.
d) Dondurma sandviçlerini servis yapmadan önce en az 2 saat dondurun.

100. Kırmızı Kadife Brownie ve Krem Peynirli Dondurma Sandviç

İÇİNDEKİLER:
- 12 adet kırmızı kadife brownie karesi
- 2 su bardağı krem peynirli dondurma
- Kırmızı kadife kırıntıları (isteğe bağlı)

TALİMATLAR:
a) 6 adet kırmızı kadife brownie karesini alın ve bunları bir fırın tepsisine baş aşağı yerleştirin.
b) Her brownie karesinin üzerine bir kepçe krem peynirli dondurma koyun.
c) Dondurmanın üzerine kırmızı kadife kırıntılarını (istenirse) serpin.
ç) Her dondurma kepçesinin üzerine başka bir kırmızı kadife brownie karesi yerleştirin ve bir sandviç oluşturmak için hafifçe bastırın.
d) Dondurma sandviçlerini servis yapmadan önce en az 2 saat dondurun.

ÇÖZÜM

"Doldurulmuş: Sandviç Kurabiye Kitabı" yolculuğumuzu tamamlarken, doldurulmuş sandviç kurabiyelerinin lezzetli dünyasını keşfetmek ve mutfakta yaratıcılığınızı ortaya çıkarmak için ilham aldığınızı umuyoruz. İster deneyimli bir fırıncı olun, ister sandviç kurabiyeleri dünyasında yeni olun, bu sayfalarda herkesin keyif alacağı bir şeyler var.

Farklı tatlar, dolgular ve süslemeler denemeye devam ettikçe, pişirdiğiniz her sandviç kurabiye partisinin size neşe ve tatmin getirmesini dileyin. İster sevdiklerinizle paylaşın, ister hediye edin, ister sadece bir bardak süt eşliğinde tadını çıkarın, her kurabiyenin içindeki tatlı iyilik katmanları gününüzü aydınlatsın ve kalıcı anılar yaratsın.

Doldurulmuş sandviç kurabiyeleri dünyasındaki bu lezzetli yolculuğa bize katıldığınız için teşekkür ederiz. Mutfağınız fırından yeni çıkmış kurabiye kokusuyla, sofranız tatlı ikramların lezzetiyle, kalbiniz pişirme keyfiyle dolsun. Tekrar buluşana kadar, mutlu pişirme ve afiyet olsun!

www.ingramcontent.com/pod-product-compliance
Lightning Source LLC
Chambersburg PA
CBHW071901110526
44591CB00011B/1503